《中国道路的深圳样本》系列丛书

深圳
党建创新之路

路云辉　主编

Shenzhen Dangjian Chuangxin Zhilu

SHENZHEN

中国社会科学出版社

图书在版编目（CIP）数据

深圳党建创新之路／路云辉主编 . —北京：中国社会科学出版社，2018.11

ISBN 978 - 7 - 5203 - 3106 - 7

Ⅰ. ①深… Ⅱ. ①路… Ⅲ. ①中国共产党—地方组织—党史—深圳 Ⅳ. ①D235.653

中国版本图书馆 CIP 数据核字（2018）第 204617 号

出 版 人	赵剑英
责任编辑	王 茵 马 明
责任校对	任晓晓
责任印制	王 超

出 版	中国社会科学出版社
社 址	北京鼓楼西大街甲 158 号
邮 编	100720
网 址	http://www.csspw.cn
发 行 部	010 - 84083685
门 市 部	010 - 84029450
经 销	新华书店及其他书店

印刷装订	北京君升印刷有限公司
版 次	2018 年 11 月第 1 版
印 次	2018 年 11 月第 1 次印刷

开 本	710 × 1000 1/16
印 张	12.75
字 数	203 千字
定 价	56.00 元

《中国道路的深圳样本》
系列丛书序言

编委会

今年是中国改革开放 40 周年。前不久，习近平总书记视察广东时强调，改革开放是党和人民大踏步赶上时代的重要法宝，是坚持和发展中国特色社会主义的必由之路，是决定当代中国命运的关键一招，也是决定实现"两个一百年"奋斗目标、实现中华民族伟大复兴的关键一招。[①] 40 年前，我们党团结带领人民进行改革开放新的伟大革命，坚持解放思想、实事求是、与时俱进、求真务实，不断革除阻碍发展的各方面体制机制弊端，开辟了中国特色社会主义道路，取得世人瞩目的历史性成就。40 年来，中国发生了翻天覆地的变化，GDP 年均增长约 9.5%，对外贸易额年均增长 14.5%，成为世界第二大经济体、第一大工业国、第一大货物贸易国、第一大外汇储备国，在经济、政治、文化、社会、生态文明、党的建设等各个领域取得了长足进步。实践证明，改革开放是推进社会主义制度自我完善与发展的另一场革命，是当代中国发展进步的活力之源，为实现中华民族伟大复兴提供了强大的历史动力，成为中国当代波澜壮阔历史的精彩华章。

[①] 参见《习近平在广东考察时强调：高举新时代改革开放旗帜　把改革开放不断推向深入》，2018 年 10 月 25 日，中华人民共和国中央人民政府网（http://www.gov.cn/xinwen/2018 – 10/25/content_ 5334458. htm）。

谈及改革开放，就不能不提到深圳。因为深圳经济特区本身就是改革开放的历史产物，也是改革开放的伟大创举和标志性成果。短短 40 年，深圳从落后的边陲农业县迅速发展成为一座充满魅力和活力的现代化国际化创新型大都市，GDP 年均增速达 22.2%，2017 年为 2.24 万亿元，居国内城市第三位、全球城市三十强；地方财政收入年均增长 29.7%，2017 年为 3332.13 亿元，居国内城市第三位；2017 年外贸出口总额达 1.65 万亿元，连续 25 年位居国内城市首位；人口规模从 30 多万人迅速扩容为实际管理人口超过 2000 万人。可以说，深圳经济特区创造了世界工业化、城市化、现代化的奇迹，也印证了中国改革开放伟大国策的无比正确性。在深圳身上，蕴含了解读中国、广东改革开放之所以成功的密码。就此而言，对深圳的研究与对中国、广东改革开放的研究，形成了一种历史的同构关系。作为一座年轻城市，深圳在近 40 年来的快速发展中，一直致力于对中国现代化道路的探索，这既包括率先建立和发展社会主义市场经济体制，从而对全国的经济改革和经济发展发挥"试验田"的先锋作用；也包括其本身的经济、政治、文化、社会、生态文明、党的建设等各个方面所取得的长足进展，从而积累了相当丰富的城市发展和社会治理经验。

在改革开放 40 周年之际，全面总结深圳改革开放以来的发展道路及其经验模式，既有相当重要的当下价值，对中国未来改革开放的进一步深化也具有非常深远的重要意义。2018 年 10 月，习近平总书记在视察广东时专门强调："党的十八大后我考察调研的第一站就是深圳，改革开放 40 周年之际再来这里，就是要向世界宣示中国改革不停顿、开放不止步，中国一定会有让世界刮目相看的新的更大奇迹。"① 总结好改革开放经验和启示，不仅是对 40 年艰辛探索和实践的最好庆祝，而且能为新时代推进中国特色社会主义伟大事业提供强大动力。要不忘改革开放初心，认真总结改革开放 40 年成功经验，立足自身优势、创造更多经验，在更高起点、更高层次、更高目标上推进改革开放，提升改革开放质量和水平，把改革

---

① 《习近平在广东考察时强调：高举新时代改革开放旗帜　把改革开放不断推向深入》，2018 年 10 月 25 日，中华人民共和国中央人民政府网（http://www.gov.cn/xinwen/2018 – 10/25/content_5334458. htm）。

开放的旗帜举得更高更稳。

为深入贯彻习近平新时代中国特色社会主义思想和党的十九大精神，贯彻落实习近平总书记重要讲话精神，庆祝改革开放 40 周年，总结深圳改革开放以来先行先试、开拓创新的经验和做法，系统概括深圳发展道路、发展模式及其对全国的示范意义，在深圳市委常委、宣传部部长李小甘同志的亲自部署和直接推动下，市委宣传部与市社科联联合编纂了《中国道路的深圳样本》丛书。这套丛书由《深圳改革创新之路（1978—2018）》《深圳党建创新之路》《深圳科技创新之路》《深圳生态文明建设之路》《深圳社会建设之路》《深圳文化创新之路》《未来之路——粤港澳大湾区发展研究》7 本综合性、理论性著作构成，涵盖了经济建设、科技创新、文化发展、社会建设、生态文明建设、党的建设、粤港澳大湾区建设等众多领域，具有较高的学术性、宏观性、战略性、前沿性和原创性，特别是突出了深圳特色，不仅对于讲好改革开放的深圳故事、全方位宣传深圳有相当重要的作用，而且对于丰富整个中国改革开放历史经验无疑也具有非常重要的价值。

深圳改革开放的道路是中国改革开放道路的精彩缩影，深圳改革开放取得的成功也是中国成功推进改革开放伟大事业的突出样本。深圳的发展之路及其经验表明，坚持中国特色社会主义道路，不断深化改革开放，既是广东、深圳继续走在全国前列的重要保障，也是党和国家在新形势下不断取得一个又一个成果，实现中华民族伟大复兴的根本保证。而深圳作为践行中国特色社会主义"四个自信"的城市样本，它在改革开放 40 年所走的历程和取得的成果，是一个古老民族和国家在历经百年磨难之后，凤凰涅槃般重新焕发青春活力的一种确证，是一个走向复兴的民族国家从站起来到富起来、强起来伟大飞跃的生动实践。

站在改革开放 40 周年的历史节点，重温深圳改革开放的发展道路与国家转型的当代历史，在新的形势下，不忘初心、牢记使命，以新担当新作为不断开创深圳改革开放事业新局面，正是深圳未来继续坚持中国特色社会主义道路、继续为国家改革开放探路的历史使命之所系。正如广东省委常委、深圳市委书记王伟中同志所提出的，要高举新时代改革开放旗帜，大力弘扬敢闯敢试、敢为人先、埋头苦干的特区精神，把走在最前列、勇当尖兵作为不懈追求，推动思想再解放、改革再深入、工作再落实，打造新时代全面深化改革开放的新标杆，把经济特区这块"金字招牌"擦得更亮，朝着建设中国特色社会主义先行示范区的方向前行，努力创建社会主义现代化强国的城市范例。这一新目标也是深圳在新时代、新征程中肩负的重大历史使命，因此，应勇于担当、凝心聚力，奋发有为、开拓创新，继续深化改革、扩大开放，努力为实现中华民族伟大复兴中国梦作出新的更大贡献。

　　是为序。

2018 年 10 月

目　　录

绪论　打造向世界彰显中国共产党建设的深圳"精彩样本"

　　兴办经济特区是党和国家为推进我国改革开放和社会主义现代化做出的一项重大决策，是建设中国特色社会主义的一个伟大创举。深圳是新中国历史上第一个经济特区，也是最重要的经济特区，是建设中国特色社会主义的试验场和示范窗口。40 年来，深圳从一个边陲小镇发展成今天这样一座具有国际影响力的现代化大城市。习近平总书记指出，深圳的发展，是中国改革开放的一个代表作，是一个中国奇迹，也是一个世界奇迹。铸造这一奇迹的正是中国共产党。在经济特区开展党建工作，在党的历史上是一个崭新命题，极大地考验着中国共产党人的智慧。40 年来，深圳经济特区党建工作率先经历了市场化浪潮的洗礼，率先经历了对外开放的冲击，率先经历了社会利益多元化的挑战，也率先进行了体制机制创新和实践探索，因此，40 年的党建史既是一部建设史，也是一部探索史，更是一部创新史。40 年的党建创新历程证明，深圳的经济社会发展与党的建设相伴相生，经济社会发展为党的建设提供了广阔的创新天地，党的建设为经济社会发展提供了政治保障，发挥了根本引领作用。

一　40 年深圳党建创新的主要成就

　　一切来自变革。40 年循序而至的变革，犹如一条穿越历史的时光隧道，承载的是人民，经历的是收获。40 年间，繁荣一步步向我们走近，物质极大丰富，生活极大改善，前进的信心和幸福感与日俱增，每一位身在其中的人都曾亲历，都有感受。对于特区的党员干部，这样的亲历和感受，更加深刻，也更难忘怀。改革开放的伟大历程表明，特区的事业不停顿，首先是党的建设不停顿。40 年来，深圳经济特区党的建设始终坚持实践实践再实践，创新创新再创新，使中国特色社会主义事业在特区大地上焕发出勃勃生机。

（一）深圳经济特区发展的历史是一部党组织坚强引领的发展史

深圳经济特区是党中央决策建立的，也是在党的坚强领导下不断发展的。1981 年，特区的基本建设刚刚起步，特区党委就十分清醒地认识到，要建设好深圳经济特区，需要做许许多多的工作。而最重要的，是要把特区的党组织建设好。1990 年，市第一次党代会提出，把马克思主义同深圳的实际结合起来，把继承党的优良传统和开拓创新结合起来，切实抓好党的自身建设，进一步提高特区党员队伍素质，增强党的战斗力和凝聚力。1995 年，市第二次党代会提出通过党的建设保持深圳特区的社会主义性质和发展方向，提高各级党组织驾驭市场经济的能力，保证广大党员干部经受住对外开放和发展市场经济的考验。2000 年，市第三次党代会提出，按照"三个代表"重要思想全面加强特区党的建设，把全市各级党组织真正建设成为体现"三个代表"重要思想的富有战斗力的坚强集体。2005 年，市第四次党代会决定以提高党的执政能力与增强党的先进性为重点，全面推进党的建设新的伟大工程，为建设和谐深圳、效益深圳提供坚强的政治和组织保证。2010 年，市第五次党代会强调要全面加强和改进新形势下党的建设，努力提高党的领导水平和执政水平，努力提高拒腐防变能力，把党的政治优势和组织优势转化为推动科学发展、促进社会和谐的强大力量。2015 年，市第六次党代会提出，要率先落实全面从严治党各项任务，加强思想建设，更好发挥基层党组织的战斗堡垒作用和党员先锋模范作用，把好选人用人关，坚持不懈推进廉洁城市，严格落实管党治党责任，进一步巩固和发展团结干事的良好局面，充分发挥党在经济特区各项事业中的领导核心作用，为经济特区各项事业发展提供坚强组织保证。

40 年来，深圳市委和各级党组织总揽全局，协调各方，成功地应对各种挑战，破解发展难题，通过不懈努力，推进经济市场化、政治民主化和经济特区现代化,体现出了比较高的领导水平和执政水平。

(二) 深圳经济特区发展的历史是一部基层组织建设的探索史

基础不牢,地动山摇。基层组织建设是党的根基所在。不同于其他地区,作为经济特区,深圳的基层社会单元主要体现为"两新"组织和社区。在"两新"组织中开展党的建设,是中国共产党从未遇到过的新课题,没有任何经验可以借鉴。可以说,特区的历史有多长,特区党建特别是基层党组织建设的探索就有多久。深圳市"两新"组织是全市经济建设的主力军,"两新"组织是增加全市财政收入的主力军,"两新"组织是解决就业的主力军,"两新"组织是高科技发展的主力军,"两新"组织也是党建工作的主力军,而且全市最大的基层党委就在"两新"组织里。因此,加强党对"两新"组织的领导十分迫切。1995 年,深圳在全国率先成立私营企业统管党委。2003 年又成立了中共深圳民营企业经济工作委员会。深圳经济特区根据新时期党建工作的新要求,创造性地开展工作,在"两新"组织党建工作制度、管理模式及活动方式等方面进行了一系列探索:一是针对"两新"组织的特点,先后制定了多个文件,从党组织的地位作用,党组织的组建、隶属关系,发展党员和党员教育管理,党费收缴使用,党务工作力量配备等方面,提出了规范化的制度要求,很多基层党组织也在工作实践中建立了支部工作例会、党群联系会议、发展党员、民主评议党员和党员目标管理考核等制度,为"两新"组织党建工作营造了良好的制度环境;二是探索实行了六种党组织组建和党员管理模式,即:单位管理、属地管理、行业管理、挂靠管理、社区管理、双重管理;三是积极在"两新"组织中开展"党建带工建、党工共建""党建带团建、党团共建"等活动,做到党组织和工会、共青团、妇女组织机构同步设置,工作互相支持,形成了党群共建、良性互动、资源共享的良好工作格局。

2004 年 9 月,深圳最后两个村——宝安沙井民主村、福永塘尾村同时挂牌成立社区居委会,这不仅标志着宝安、龙岗两区城市化改制工作全部完成,也标志着深圳成为全国第一个没有农村行政建制和农村管理体制的城市,成为全国第一座没有农村的城市。从此,社区成为深圳市基层社会的基本构成单元，成为党的基层组织建设另一个主阵地。深圳市委出台系列重要文件，通过实施扎根凝聚工程，全面推进基层党建区域化，以城市社区为基本单位，充分整合基层党建工作资源，加快推进基层党建工作区域化，在全市形成条块联动、区域统筹的基层党建工作新格局。

（三）深圳经济特区发展的历史是高素质干部队伍的建设史

党的经济特区政策确定以后，党员干部队伍成了是否能够完成经济特区建设使命的决定性因素。40 年来，深圳市委抓住领导班子和干部队伍建设这个关键，坚持"三个注重"。一是注重在实践中选拔干部。把那些在推动中心工作、重点项目建设和破解难题、抓发展能力强、业绩突出、年轻有潜力的干部放到各级领导特别是主要领导岗位上。二是注重在艰苦环境中历练干部。不断加大干部交流力度，选派一大批优秀干部到艰苦地区、难点岗位及街道、居委会挂职，使他们在艰苦环境和实际工作中经受锻炼和考验。三是注重多渠道培养干部，拓宽干部视野。市委积极实施以"自主性""菜单式"为主要特征的干部自选培训，推出了"都市计划""胜任力提升"等境外培训，积极探索"三站联程"等干部教育培训新模式，成功举办"深圳—井冈山—宁夏"三站联程的中青年干部培训班。通过更贴近实际、更具针对性的教育培训，不仅优化了干部队伍，更是从根本上培养造就了一支总体上适应深圳经济特区改革开放和社会主义现代化建设的干部队伍。特区党的干部队伍建设和人才队伍建设取得的成绩和进步，为不断推进经济特区的伟大事业提供了坚强的组织保证和人才保证。

（四）深圳经济特区发展的历史是党建工作体制机制的创新史

深圳市委始终坚持分类指导、整体推进，认真落实党建工作责任制，在机关党建、事业单位党建、社区党建、国有企业党建、外资企业党建、"两新"组织党建等方面探索新路子，总结新经验，建立新机制。如建立驻（挂）社区工作组工作制度、实行同富裕工程、颁发纪念勋章、举办"大家谈"活动、开展"一帮一"结对共建。这些探索为党员相互学习、交流、帮助搭建了平台，提供了基地。这些年，深圳党建项目多次获得全省固本强基创新成果，几十个基层党建项目获得保持先进性长效机制建设创新成果。南岭村社区荣获"全国文明社区"称号,宝安区被中宣部评为"全国劳务工思想道德建设"典型,深圳市连续获得"全国文明城市"称号。这些创新成果的推广,又大大促进了基层党建工作的落实,增强了党组织的创造力、凝聚力和战斗力。

以上从四个方面对深圳经济特区 40 年党建成绩的粗线条梳理,没有也不可能全部覆盖 40 年特区党的建设的丰富实践。不过,从这些成绩和进步可以看到,正是因为特区党的建设的不断推进,才有力地推动了深圳改革发展伟大事业一个台阶一个台阶地不断迈向新高度,站在了今天的历史起点上。40 年的成就,凸显了办好特区的事情关键在党,实现特区的跨越式发展关键在于始终坚持、加强和改善党的领导。

二 40 年深圳党建创新的基本经验

经验是人们对实践活动认识的概括和总结。总结经验的过程既是一个回顾过去的过程,更是一个推陈出新的过程。一次总结,就是对深圳经济特区党的建设的一次检验,对特区发展事业的一个促进。不断地进行总结,有利于指导和推动经济特区党的建设的不断深入。

(一)牢牢抓住长期执政能力建设和先进性、纯洁性建设这条主线不偏离

党的长期执政能力建设关系着特区党的建设和党的事业的全局,先进性、纯洁性建设是马克思主义政党的生命所系、力量所在。对于党的地方和基层组织而言,这条主线主要体现为对党中央决策部署的执行力建设。深圳市委强调深圳作为一个大基层,应突出加强执行力建设,通过执行力建设,践行全心全意为人民服务的宗旨。在全市干部队伍中掀起"责任风暴"、实施"治庸计划",着力提高全市上下的执行力。积极研究厘清各层级的岗位职责,建立健全主体明确、层级清晰、具体量化的岗位责任体系;深圳在原有的"三公开"的基础上,拓展为党务公开、政务公开、法务公开、医务公开、校务公开、居(站)务公开、企务公开,把与群众切身利益相关的事项作为公开重点,坚持用公开的办法解决公开的问题,努

力实现阳光管理、阳光执法、阳光服务，保障人民群众的知情权、参与权和监督权。执行力建设使深圳的整个党员干部队伍面貌为之一变，责任心、事业心、执行力显著增强，在攻坚克难方面的力度明显加大。

（二）牢牢抓住理论武装这个基础不动摇

在创办特区的过程中，国内外有着不同意见，存在种种疑问，归结起来只有一点，即：是否还要高举中国特色社会主义旗帜？是否还要走中国特色社会主义道路？深圳各级党组织和广大党员干部，带领广大群众，紧密结合改革开放和现代化建设实践，以马克思主义中国化最新成果武装特区全体党员干部头脑，党的理论创新每前进一步，党的理论武装工作就跟进一步，发挥敢闯敢试的开拓精神，对如何走中国特色社会主义道路进行了艰难探索，取得了中国特色社会主义建设的成功经验，为全国做出了巨大贡献。深圳经济特区的成功，为我们坚持中国特色社会主义的道路自信、理论自信、制度自信、文化自信提供了生动的实践支撑。

（三）牢牢抓住以改革精神推进党建这个动力不停步

以改革精神推进党的建设，是把党建设成为始终走在时代前列、人民衷心拥护、勇于自我革命、经得起各种风浪考验、朝气蓬勃的马克思主义执政党的必然要求。回顾特区党的建设历程，我们明显会发现一条红线，那就是用改革的思路研究党建的新情况新问题，用改革的办法破解党建的难题，通过党建工作的不断改革来推动党的工作与时俱进，这是特区党的建设工作的最大特色，也是最大亮点。今后仍要根据形势和任务的变化，勇于变革、勇于创新、永不僵化、永不停滞，不断以新认识、新举措、新经验、新成效推进特区党建，使特区党的建设水平得到新的提高。

（四）牢牢抓住反腐败斗争这个底线不懈怠

改革开放以来，深圳始终高度重视反腐倡廉工作。深圳用40年的实践告诉人们：改革发展的力度有多大，反腐倡廉的力度就要有多大；行政权力运行到哪里，监察工作就开展到哪里；公共财政支出到哪里，审计工作就跟进到哪里；政府公共服务到哪里，绩效监督就覆盖到哪里。要保证特区的持续健康发展，就要继续坚持反腐倡廉和促进发展的"力度统一论"，要把加强反腐倡廉工作贯穿于深圳建设与发展的全过程。没有反腐倡廉的成功，就没有深圳特区改革发展的成功。

（五）牢牢抓住制度建设这个保障不松劲

制度具有根本性、全局性、长期性的地位，决定了遵从制度是现代国家和现代政治组织最重要的特点。中国共产党不仅是一个政治组织，而且是中国特色社会主义的领导核心，要带领中国走向现代化，只有以制度建设为本，方能适应时代潮流，建设现代国家。深圳作为国家探索社会主义现代化建设的试验区、排头兵，从来没有局限于取得零碎的经验，而是始终坚持正确的理论指导，将特区党建创新实践取得感性认识理性化，零碎经验系统化，成功做法制度化，一方面形成特区党建的长效机制，另一方面为全国党建提供经验借鉴。

当年邓小平同志曾经说过：改革开放到底怎么样，要看 30 年。目前，改革开放已经 40 周年了。深圳的探索和经验充分证明，中央做出建立经济特区的重大决策是完全正确的。这不仅是推进中国特色社会主义伟大事业、实现"两个一百年"中国梦的重大历史性战略举措，也是新时期加强党的建设的伟大创举。其中蕴含的丰富实践成果、理论成果和制度成果，必将在未来中国特色社会主义伟大事业和党的建设的过程中不断彰显，也必将对深圳率先建成中国特色社会主义现代化先行区产生重要的推进作用。

第一章　深圳党建事业的开创和
奠基（1978—1992）

特区党建事业是与中国改革开放的大潮同时进行的。在特区党建事业开创阶段，深圳市把加强党的建设作为办好特区的一项根本性大事来抓，认真研究和解决在改革开放、发展商品经济的新形势下，进行党的建设的新情况、新问题，牢牢把握深圳建设的正确方向，加强党的自身建设，提高党的战斗力、凝聚力，使党组织成为领导深圳社会主义现代化事业的坚强领导核心。

第一节　特区党建事业的起步

深圳市的前身是宝安县。宝安县地处祖国南疆，有着光荣的革命传统。从 20 世纪 20 年代开始到 1978 年，宝安党组织始终勇立潮头，领导宝安人民展开了艰苦卓绝的斗争，树立了一座座历史丰碑。作为经济特区，深圳党的建设工作奠基始于 1978 年的伟大变革。在这一阶段，特区的党建事业紧紧围绕政治路线展开，为特区事业的发展起到了保驾护航的重大作用。

一　习仲勋主政广东与特区党建事业奠基

历经十年的"文革"结束时，国际国内形势呈现出新的阶段性特征。从国际上看，国际局势的对抗性在下降，和平与发展逐步成为时代主题。西方资本主义国家在"二战"后经济实力迅速发展，迫切需要向发展中国家输出资金、技术、产品，需要占据新的国际市场。这就为中国利用全球化的契机，深入参与全球经济分工合作，发挥"后发优势"和"比较优势"提供了有利的时代条件。从国内看，粉碎"四人帮"，结束"文革"标志着极"左"理论和实践的失败，中国正面临新的发展战略的关键抉择。但是1977年召开的中国共产党第十一次全国代表大会并未完成拨乱反正的任务，"左"的僵化思想和高度集中的经济体制依然严重束缚着生产力的发展。特别是和周边国家与地区相比，"二战"后我国和这些国家或地区的差距并不明显，但是由于我国在社会主义建设中的失误，特别是"文革"的极"左"错误，到了20世纪70年代末，在生产力水平、人民生活水平和现代化程度上已远远落后于人。这种发展水平的反差，在毗邻港澳的广东省体现得更为明显。由于长期极"左"思想的影响，广东省的地缘优势不仅没有发挥出来，而且导致宝安等地大量群众外流香港，造成了不良的经济影响和政治影响。习仲勋正是在这一历史背景下，临危受命、肩负重任，到广东担任省委书记、主政广东的。

1978年4月初，习仲勋到广东任省委第二书记，实为主持工作，同年底被任命为省委第一书记。习仲勋主政广东期间，以实事求是精神和敢于担当的历史使命感直接推动了广东的改革开放事业起步，在推动真理标准讨论、平反冤假错案、推动改革开放、加强党的建设等方面都做出了卓越贡献。习仲勋主政广东期间，正是中国历史实现伟大变革的阶段。在这一历史关键时期，习仲勋带领全省人民，坚决贯彻落实党的十一届三中全会精神，实现了广东省工作重心的转移。在他的直接领导和推动下，创建了对中国特色社会主义具有重大影响的深圳经济特区，为深圳经济特区党的建设事业奠定了基础。习仲勋同志对于特区党建事业的奠基性贡献主要体现在以下几个方面：

第一，推动真理标准问题大讨论，统一全省干部思想。1978年5月11日，《光明日报》一篇名为《实践是检验真理的唯一标准》的特邀评论员文章拉开了真理标准大讨论的序幕。实践是检验真理的唯一标准这一命题本来是马克思主义的一条基本原理和常识，但是在长期"左"倾思想的影响下，有些中央领导和理论界人士并不认同该文章的精神，还设置禁区。面对党内存在的思想路线的尖锐交锋，习仲勋旗帜鲜明地支持真理标准大讨论。广东省的党委机关报《广州日报》《南方日报》先后在《光明日报》特约评论员文章发表的第二天（5 月 12 日）和第三天（5 月 13日）转载了这篇文章。6 月 30 日，习仲勋明确指出："最近报纸上有些文章要好好地读，如《马克思主义的一个最基本的原则》、《实践是检验真理的唯一标准》等。理论要与实践结合起来，理论要指导实践，实践反过来又丰富这个理论，离开实践，理论一文不值。马列读得多，但不同实践结合，那有什么用处呢?"① 9 月上旬，广东省委常委连续举行真理标准大讨论的学习讨论会，将真理标准问题和中华人民共和国成立以来广东的历史实际结合起来，总结广东历史经验教训。习仲勋还亲自领导部署，推动真理标准大讨论在全省普遍、纵深开展，由理论界扩展到了全省各地、市、县领导机关。在年底召开的十一届三中全会上，习仲勋在发言中说："关于真理标准问题，是个思想路线问题，对实际工作关系很大，是非搞不清楚，就不能坚持实事求是。"② 在十一届三中全会完成拨乱反正的历史任务后，在习仲勋的领导下，真理标准大讨论在全省更加深入地、广泛地开展。针对有些地方和单位对真理标准大讨论的重要意义认识不够的情况，1979 年 5 月 26 日，习仲勋主持召开了省、市、县三级干部会议，部署真理标准问题补课活动，习仲勋在会议上指出："三中全会文件还要继续学习，关于真理标准问题的讨论许多地方还要补上一课，要继续进行辩证唯物主义的思想路线教育，一些重大理论问题应当继续讨论。"③ 会后，全省各地纷纷召开三级干部会或县委书记读书会，结合三中全会以来的变化，进一步强调恢复实事求是思想路线的重要性。为了进一步促进真理标准问题大讨论向基层纵深推进，1979 年 8 月，习仲勋要求省委宣传部在中山县召开现场会议，推广交流全省基层开展真理标准讨论的情况和经验。习仲勋在 9月召开的地委书记会议上总结发言，要求从省委做起，直到各战线、部门、地、县、社、队、厂矿、车间、商店、学校，都要坚持解放思想、实事求是精神，将真理标准讨论和调查研究、总结本地实际经验结合起来。

---

① 《习仲勋主政广东》，中共党史出版社 2007 年版，第 28 页。
② 张树军：《大转折——中共十一届三中全会实录》，浙江人民出版社 1998 年版，第 247 页。
③ 习仲勋：《在省委四届三次常委扩大会议上的讲话》，1979 年 5 月 26 日。

在习仲勋的领导下，广东全省通过将近两年时间的真理标准讨论，"促进了正在困惑、反思的广东干部群众解放思想，实事求是地思考中国的问题、广东的问题"。①

第二，开展全省整风，恢复党内政治生活的优良传统。由于"文革"的极"左"错误，广东干部队伍中很多人思想上受"左"倾流毒影响较大，还有些干部思想不够解放，总是"心有余悸"，思想较混乱。时任湛江地委书记的林若回忆："习仲勋受极'左'政策的迫害也很深，他对极'左'政策、强迫命令的作风、脱离群众的倾向很反感，对群众的情绪感同身受。所以习仲勋决定领导整风，改变这种混乱的思想状况。"② 1978年6月，省委召开四届一次常委扩大会议，充分发扬延安整风精神，坚持了实事求是、批评与自我批评、党内民主等优良传统，匡正了受到破坏的党内政治风气。习仲勋在总结这次会议时指出："这次会议，既帮助了省委常委整风，也教育了大家……我们这次会议，按延安整风的精神，紧紧抓住揭批林彪、'四人帮'这个纲，中心突出，方向明确，方法对头，发扬民主，畅所欲言，的确是恢复和发扬党的优良传统的一次重要会议，是抓纲治粤、拨乱反正的一次重要会议。"③ 在整风过程中，习仲勋领导省委不仅针对"文革"极"左"遗毒，还因势利导对领导班子进行了整顿，致力解决领导班子不团结、党员干部思想僵化、官僚主义、脱离群众等问题。在会议上，习仲勋明确指出："我们究竟是当官做老爷，还是做活到老、学到老、革命到老、改造到老的共产党员？不少人没有解决这个问题。这也是整风中要解决的一个很重要的，而且是不容易解决的问题。"④ 省委四届一次常委会后，各地区按照省委会议和习仲勋讲话精神，纷纷对各地实际工作中存在的问题进行检查，整风运动在全省迅速展开。这次全省范围内的整风，不仅清算了林彪、"四人帮"极"左"路线，恢复了实事求是的思想路线，也加强了各级领导班子建设，密切了党同人民群众之间的联系，推动了对冤假错案的平反工作，从而提振了全省干部干事创业

---

① 王全国、杨应彬、张汉青：《深切怀念习仲勋同志》，《广东党史》2002年第4期。
② 《习仲勋主政广东》，中共党史出版社2007年版，第49页。
③ 习仲勋：《在省委四届一次常委扩大会议上的总结讲话》，1978年6月30日。
④ 同上。

的精神状态，为广东在改革开放中"先行一步"奠定了思想基础。1980年2月23日，党的十一届五中全会召开，会议通过了《关于党内政治生活的若干准则》，习仲勋又领导广东省贯彻落实，进一步整顿了广东省的政治生态。1980年7月1日，习仲勋同志在广东省和广州市机关党员干部讲党课中明确要求，要带头执行《准则》，做一个合格的共产党员，首先，要坚持执行党的路线、方针、政策和决议；其次，要发扬党的优良传统和优良作风；最后，要学用结合，把自己摆进去，领导干部要从我做起，在实际工作中发挥先锋模范作用。

第三，推动改革开放，直接领导建立深圳经济特区。没有改革开放政策，就没有经济特区的建立，没有经济特区，深圳特区的党建事业也无从谈起。所以，习仲勋直接领导建立经济特区是深圳党建事业起步的根本历史前提。1978年7月，习仲勋同志到广东上任伊始，第一次外出到县市考察，选择的就是宝安县。之所以选择宝安县，和当地"逃港"现象屡禁不止有关。据统计，从1952年到1977年，宝安有偷渡外逃行为的62305人，逃出去的有40598人，占全县总人口的18.7%，占总劳动力13.5万人的29.3%。① 习仲勋的宝安调研非常扎实，深入基层，严谨认真，了解了内地和香港的差距，初步得出了根本解决"逃港"问题的相关思路。习仲勋在对宝安干部的讲话中指出要破除"左"倾思想形成的"清规戒律"，要解放思想，利用地理优势，把经济发展上去。他强调："制止群众性外逃的根本措施是发展经济，提高群众生活水平，首先要抓好对外经济贸易，发展种养业和多种经营，大力组织砂石和土特产、农副业产品出口，发展社队企业，引进香港同胞和外商投资办厂，搞来料加工。大力抓好外贸出口基地建设，抓好各项规划落实、资金落实。"② 随之，习仲勋派工作组到宝安、珠海调研并写出报告，要求在三到五年内把宝安、珠海两县建设成为"具有相当水平的工农业结合的出口商品生产基地、吸引港澳游客的旅游区、新兴的边防城市"。③ 1978年

---

① 《习仲勋主政广东》，中共党史出版社2007年版，第70页。
② 深圳市史志办公室编：《中国共产党深圳历史大事记（1924—1978）》，中共党史出版社2003年版，第354—355页。
③ 《习仲勋主政广东》，中共党史出版社2007年版，第231页。

10月，省革委会向国务院上报了名为《关于宝安、珠海两县外贸基地和市政规划设想》的报告。

1979年1月，省委为了加强对宝安、珠海两地的领导，实现建立外贸基地的目标，将宝安县改为深圳市，将珠海县改为珠海市。2月，国务院做出《国务院关于宝安、珠海两县外贸基地和市政建设规划设想的批复》，认为广东省的设想无论在政治上、经济上都有重要意义。3月5日，国务院同意两县改县为市。1979年2月，在听取省委书记吴南生关于在汕头搞灵活政策的建议后，习仲勋明确指出："要搞，全省都搞。先起草意见，4月召开中央工作会议时，我带去北京。"① 4月初，省委召开两次常委会"确认根本的出路还是希望中央给广东放权，抓住当前有利的国际形势，让广东充分发挥自己的优势，在四化建设中先走一步"。② 4月5日至28日，中央工作会议在北京召开，习仲勋明确向中央领导提出了希望中央放权，让广东充分利用自己的有利条件先走一步的建议。邓小平赞同习仲勋的建议，并指出："还是叫特区好，可以划出一块地方，叫做特区。陕甘宁开始就叫特区嘛！中央没有钱，可以给些政策，你们自己去搞，杀出一条血路来。"③ 6月6日，广东省委向党中央和国务院上报《关于发挥广东优越条件，扩大对外贸易，加快经济发展的报告》。7月15日，中共中央、国务院批转广东和福建两个省的报告，即中央50号文件，明确在对外经济活动中实行特殊政策，给地方以更多的主动性，先走一步，把经济搞上去是重要的决策，意义重大。习仲勋在谈及贯彻中央50号文件的时候指出："广东要从全国的大局出发，把这件事搞好。现在不是搞不搞的问题，也不是小搞、中搞，而是要大搞，快搞，不能小脚女人走路。"④

1980年3月，受中央委托，谷牧主持召开广东、福建两省会议，把"出口特区"正式改名为内涵更为丰富的"经济特区"。1980年8月26日，五届全国人大常委会第十五次会议批准国务院提出的设置经济特区的决定，并通过《广东省经济特区条例》，至此深圳经济特区正式成立。

---

① 《习仲勋主政广东》，中共党史出版社2007年版，第236页。
② 《习仲勋文选》，中央文献出版社1995年版，第481页。
③ 中央文献研究室：《邓小平年谱1975—1997》下，中央文献出版社2004年版，第510页。
④ 《习仲勋同志在地委书记会议上的总结发言》，1979年9月21日。

1980 年 9 月下旬，习仲勋向中央书记处汇报特区工作情况，中央进一步明确了在广东实行灵活政策的必要性，并且指出："中央授权给广东省，对中央各部门的指令和要求采取灵活办法。适合的就执行，不适合的可以不执行或变通办理。"①

综上所述，习仲勋在历史转折的关键时期，带领省委一班人以强烈的历史使命感和担当精神领导了广东的拨乱反正，建立了经济特区，并在广东省广大党员干部中恢复了实事求是的思想路线和党的优良传统作风。这些工作都为深圳党建事业的起步奠定了坚实的基础，提供了根本的历史前提。

二　党建工作为特区发展保驾护航

深圳经济特区成立之后，按照中央确定的方针政策，发扬敢为天下先的精神，冲破了旧有的、僵化的计划经济模式的束缚，以单项改革为切入点，探索社会主义与市场经济相结合的路径，并利用区位优势，制定"立足深圳，依托内地，面向海外，走向世界"的方针，走出了一条"外引内联"的发展模式，推动深圳经济社会快速发展。据统计，"1979 年，深圳全市生产总值仅有 1.96 亿元，人均收入仅 606 元。到 1989 年已突破 100 亿元；到 1992 年，已突破 300 亿元，达 317.32 亿元"②。但是，深圳特区的发展并不是一帆风顺的，其间也经历了种种挫折和阻力。每逢特区发展遇到阻力的时候，深圳市委都会因势利导，从本地实际情况出发，将中央和上级党组织的指导方针在深圳贯彻落实，通过加强党的建设，牢牢把握深圳各项事业的前进方向和发展战略，确保深圳在发展过程中安然度过种种危机，迎来光明坦途。

在社会主义国家办特区是前无古人的事业，深圳市党委和相关部门的经验并不丰富，只能"在游泳中学习游泳，在战争中学习战争"。因此，特区发展初期在对外经济合作方面、基础设施建设方面、货币金融政策方

---

① 《中央书记处会议纪要》，载《中央对广东工作的指示汇编（1979—1982 年）》，第 109—111 页。

② 深圳经济特区研究会、深圳市史志办公室编著：《深圳经济特区三十年：1980—2010》，海天出版社 2011 年版，第 5 页。

面都出现了一些不规范的混乱现象。这本是探索中的正常现象，但是却引发了很多对特区的争论。

第一次争论发生在从特区成立之始到 1984 年初，争论的焦点是社会主义国家能不能办特区，经济特区是不是"新租界"等言论。甚至有人说："深圳除了五星红旗还在，社会主义已经看不见了，特区姓资不姓社了。"① 中国改革开放和现代化建设的总设计师邓小平不仅领导创办了经济特区，而且一直关心着特区事业的发展。1984 年 1 月，邓小平第一次视察深圳，深入基层实地调研，分别参观了罗湖商业大厦、上步工业区、渔民村、蛇口等地，听取了深圳市委领导和干部群众的汇报。通过第一次视察深圳，邓小平充分肯定了深圳的成绩并做出了系列重要指示。后来，邓小平还欣然命笔，为深圳题词："深圳的发展和经验证明，我们建立经济特区的政策是正确的。"

在贯彻落实邓小平第一次视察深圳重要指示精神的过程中，深圳市委召开深圳改革会议，专题研究建立特区以来的经验教训，并结合当时国内经济过热、固定资产投资过多、货币发行量增加、部分商品价格上升等情况，对深圳发展战略做出了新的调整和布局，回应了战略目标定位中"以贸为主"和"以工为主"的争论，明确了产业结构调整的重点。1985 年初，深圳市委、市政府邀请中国社会科学院相关专家来深调研，对深圳发展的战略定位提出科学建议。随着特区事业的快速发展，成绩显著，但是问题和挑战也日益突出。在此背景下，国务院于 1985 年底至 1986 年初在深圳召开第二次全国特区工作会议，总结了特区创办以来的经验，在总结经验的基础上，明确特区发展的指导思想是建立以工业为主的外向型经济，要从"铺摊子、打基础"向"上水平、求效益"转变，并且对未来深圳工作的目标、方针和措施做出了部署，意义重大。

深圳市委为了贯彻全国特区工作会议精神，先后召开了全市工业会议、全市计划工作会议和三级干部会议，要求严格控制固定资产投资，加快推进外向型发展战略，并明确了 1986 年的工作指导思想："坚持开放，

① 深圳经济特区研究会、深圳市史志办公室编著：《深圳经济特区三十年：1980—2010》，海天出版社 2011 年版，第 46 页。

深入改革，理顺关系，加强管理，发展以工业为主的外向型经济，控制基建规模，抓生产、上水平、求效益，为特区的进一步发展打下基础。"① 为了适应改革的形势，依据党的十二届三中全会《关于经济体制改革的决定》，市委还制定了《深圳特区"七五"期间经济体制改革方案》，从 5 个部分 33 小项对加快改革做出了部署，有力地推进了各领域的改革，特区事业上了新台阶。

1990 年 11 月 26 日，在深圳香蜜湖举行深圳经济特区成立十周年招待会，时任中共中央总书记的江泽民同志出席招待会并发表重要讲话。江泽民充分肯定了特区十年的历史成绩，他指出："经邓小平同志倡议，党中央、国务院决定兴办深圳、珠海、汕头、厦门四个经济特区，运用对外开放的条件，加快经济的发展。这是一项具有远见卓识的创举。""经济特区建设所取得的成就充分证明，创办经济特区的实践是成功的，实行改革开放的总方针是完全正确的。它从理论与实践的结合上，丰富了我们对建设有中国特色的社会主义的认识。"② 江泽民在讲话中还要求深圳等经济特区进一步发挥"技术的窗口、管理的窗口、知识的窗口和对外政策的窗口"的功能定位，为国家发展全局做出应有贡献。

为了落实中央的要求，深圳市委站在新的时代起点上，依据深圳发展的客观阶段，在 1990 年召开的第一次党代会上明确了深圳经济特区面向 20 世纪最后十年的战略目标，即："当好探索有中国特色的社会主义排头兵，建成以工业为主、第三产业比较发达、农业现代化水平较高、科学技术比较先进的综合性经济特区和外向型、多功能的国际性城市，成为经济繁荣、社会全面进步的社会主义窗口。"③

三　推动政策研究发挥作用

政策研究工作是党的工作的重要组成部分，主要是从实际出发，针对党建以及经济社会发展领域的重大决策的可行性进行调查研究，提出政策

---

① 深圳市史志办公室编：《中国经济特区的建立与发展（深圳卷）》，中共党史出版社 1997 年版，第 200 页。

② 同上书，第 252 页。

③ 李灏：《在中国共产党深圳市第一次代表大会上的报告》，1990 年 12 月 15 日。

性建议。中国创办经济特区没有先例可以遵循，是前无古人的事业，只能摸着石头过河。因此，深圳市委的政策研究工作，作为总结特区实践经验、推动特区实践发展的重要助手，显得格外重要。1981年市委成立了政策研究室，坚持"三个贴近""三个为主"原则，创新政策研究，为特区建设提供了强大的决策分析和智力支撑。所谓"三个贴近"是指：贴近经济建设、贴近特区实际、贴近改革创新；所谓"三个为主"是指：以对策性研究、应用性研究和可操作性研究为主。

在经济社会发展战略研究方面，1980年经济特区成立不久，中央就明确做出指示："特区要抓紧制定全面的经济社会发展规划"，1981年3月起，市委组织了专家组进行充分调查研究，一年后草拟出了《深圳经济特区社会经济发展规划大纲》。随即又在全国邀请相关专家对大纲进行论证和调整，该大纲最终成为特区历史上第一个关于经济社会发展方面的战略规划，对特区的发展意义重大。

1984年下半年开始，全国经济发展过热，出现了诸如货币发行过多、国民收入超分配、工业增长过快、固定投资增长过猛、部分商品价格上升等问题。基于这种形势，中央采取了压缩银根、收紧信贷的调控方式。这就要求深圳的发展战略做出相应调整。与此同时，关于深圳特区发展战略的重点在社会上也存在着争论，有人认为深圳的发展应"以贸为主"，即充分利用区位优势，大力发展进出口贸易和转口贸易，这样就能带动技术贸易和加工工业的发展。但是反对者认为这种战略只能实现深圳短期的发展，从长远来看则缺乏可靠的基石。有人认为应"以工为主"，即只有优先把先进工业发展起来，才能更好地发挥"引资引技"的窗口作用，使特区各项事业的发展建立在坚实的经济实力基础上，更为牢固，而不能"以贸为主"。对于这次争论，时任深圳市委书记的李灏事后回忆："1985年，香港一些报刊和国内有些同志认为深圳特区成立了5年，以工业为重点的外向型经济还没有建立起来，人们只是热衷于做生意，倒买倒卖，赚内地人的钱。"①

面对经济形势的变化和有关特区发展的争论，1985年，深圳市委邀请

---

① 深圳市史志办公室编：《李灏深圳特区访谈录》，海天出版社2010年版，第53页。

中国社会科学院的相关专家来深协助研究特区发展问题。通过多位专家的仔细调查研究，最终形成《深圳经济特区经济、社会发展战略问题研究报告》，报告对深圳特区发展的战略定位做出了具体的描述，即："主要发展外向型经济，坚持以先进工业为主、工贸并举、工贸技结合的方针，把深圳办成综合性的经济特区。"[①] 1986 年底，依据全国特区工作会议提出的"抓生产、上水平、求效益、努力发展外向型经济"的指导原则，深圳市委拟定了《深圳经济特区发展外向型经济的工作纲要（1987—1989）》，要求加快建设外联内引，基本建成国家宏观调控下以市场调节为主的商品经济体系。1990 年，在充分调研的基础上，中共深圳第一次代表大会又提出了"八五计划"和深圳十年发展规划，对深圳未来发展的方向、目标、指标、路径、保障等要素都做出了部署。

在经济政策研究方面，1983 年到 1984 年，市委重点对引进外资、货币管理、物价管理、对外贸易、经济管理体制、外资企业经营等问题进行了专题研究。深圳市委政策研究部门还善于总结阶段性经验，在此基础上提出未来发展规划。比如 1986 年市委组织全市大调研，总结特区建立 5 年来的实践经验。为了深圳市的全面发展和深化改革，1988 年，市委就开展了主题为"放开一线、管好二线和特区实行全面免税问题"的调研，在此基础上，1990 年又做出了《关于放宽一线、管好二线的意见》和《关于改善深圳特区一、二线管理，推动进一步改革开放的请示报告》，并送中央领导同志参考。

在体制改革研究方面，深圳特区的实践发展与政策研究之间互相促进的良性循环关系很有代表性。如前所述，针对旧有的管理体制，蛇口工业区在体制改革方面先行先试，取得了宝贵经验。1983 年，为了进一步加强对体制改革的领导，市委成立改革领导小组，就工资、物价、机构、利改税等专题进行调研，在调研的基础上开始试点工作。1984 年开始，依据市委确定的改革方向，政策研究部门先后起草了《深圳市区一级机构改革方案》《深圳市政府机构改革方案》《深圳经济特区内部管理体制全面改革方案》《深圳特区国家机关事业单位工资改革方案》《关于特区农村城市

---

① 《深圳市志》第 6 卷，方志出版社 2009 年版，第 66 页。

化的总体研究报告》等方案。这些政策研究成果有力地引领了特区事业的全面发展。

1991 年，为了总结特区在改革开放时期的党建工作经验，中央组织部、中央政策研究室、中央党校、《求是》杂志社组成联合调研组来深调研。深圳市委政研室不仅负责组织协调工作，而且以此为契机，主动形成了《在改革开放中加强党的建设》的研究报告，进一步总结既往经验，为做好党建工作提供政策建议。

客观实践是政策研究之源，政策研究是客观实践的理论表达，进一步指导客观实践的发展。通过党的政策研究工作来推动特区事业发展的确是深圳党建的一个重要历史经验。

第二节　高度重视思想建党

思想建党是中国共产党开展自身建设的重要经验。深圳经济特区从建立伊始就明确不仅要推动经济迅速发展，而且要坚决贯彻思想基本原则，在反对错误思想思潮、教育培训干部、促进精神文明建设方面，开展了大量卓有成效的工作。

一　反对错误思想思潮

深圳经济特区是改革开放的前沿阵地，也是意识形态交锋的前沿阵地。深圳经济特区要做全国改革开放的"排头兵"，政治上也绝不能成为意识形态的"洼地"。中央关于深圳经济特区要毫不动摇地坚持社会主义的政治方向的要求从一开始就是旗帜鲜明的。1981 年 1 月 21 日，中共中央办公厅转发《广东、福建实行特殊政策、灵活措施座谈会纪要》，其中明确指出："广东、福建的特区是经济特区，不是政治特区。"[1] 要求经济特区的各级党委要把改革开放和坚持四项基本原则结合起来，既要快速推动经济发展，又要保持良好的社会风气，抵制各种消极腐败社会思潮的侵蚀。

---

[1]　深圳市史志办公室编：《深圳市大事记》，海天出版社 2001 年版，第 20 页。

1982 年 3 月 1 日，中央批准《广东、福建两省座谈会纪要》，其中明确指出："广东、福建两省实行特殊政策和灵活措施，是在遵守国家宪法法律基础上的特殊，是在坚持党的路线方针前提下的灵活。政治上必须坚持四项基本原则；经济上必须保证社会主义经济占绝对优势，坚持以计划经济为主、市场调节为辅；思想文化上，必须坚决抵制资本主义腐朽思想的侵蚀，加强社会主义精神文明的建设。否则，我们就是从根本上打了败仗，违背了特殊政策和灵活措施的根本出发点。"[①]

深圳经济特区自创建之日起就高度注重思想建党，注重党内思想政治工作，引导党员干部在思想上、行动上和党中央保持高度一致，坚持以主流意识形态引领社会思潮朝着正确的方向前进。一方面，深圳经济特区坚定改革开放的政治方向，反对极"左"思潮。深圳经济特区本身就是在总结"左"的错误政策教训基础上起步的，但是成立之初在党员干部队伍中、社会上还存在一些程度不同的"左"倾思想。因此，特区成立之初，党委就领导广大党员干部认真学习贯彻党的十一届三中全会精神，让广大党员干部认识到极"左"错误实践已经走投无路，改革开放是改变中国命运的关键抉择，要求广大党员干部坚持解放思想、实事求是的思想路线，自觉把思想和行动统一到中央的决策部署上去，争做改革开放的促进派。另一方面，深圳市委也旗帜鲜明地反对任何违反四项基本原则的言行，反复向广大党员干部讲明经济政策的"特"和政治原则不能"特"之间的关系，让广大党员在思想上理解建立特区不是为了发展资本主义，没有特殊党员和特殊公民。1989 年 3 月，深圳市委召开党的建设工作会议，明确指出："我们党正处在一个历史性的大转变时期，面临着领导人民建设有中国特色社会主义的新考验，面临着改革开放、发展有计划商品经济的新考验。在这个新的历史发展时期，党的建设应当摆在首要位置上，这是特区所担负的特殊任务所决定的，是特区面临的特殊环境所要求的。"[②] 1990 年，组织编印了《基本国情与基本路线讲话》，通过"双基"教育使广大党员正确认识特区之"特"。

---

① 《中共中央批转〈广东、福建两省座谈会纪要〉的通知》，1982 年 3 月 1 日。
② 《深圳经济特区改革开放专题史》，海天出版社 2010 年版，第 355 页。

此外，特区还善于运用各种文化传播渠道，采用党员和群众喜闻乐见的方式传播马克思主义指导思想，反对资产阶级自由化。组织全市党员干部学习马克思主义基本原理和党史知识，进行"双基"教育。市委宣传部还组织拍摄了大型政论片《世纪行》。《世纪行》是一部系统地宣传四项基本原则的电视政论片，共分四集：《真理的召唤》《民族的脊梁》《伟大的磐石》《选择与挑战》。该片在人民大会堂举行发行仪式，播出后在全国普遍反应良好。

1990 年 12 月召开的全市第一次党代会，对建市以来的党建经验进行了总结，并明确面向未来形势，必须聚精会神抓好党的建设，充分发挥党在特区建设中的领导作用。面向下一个十年，要进一步做好思想建设，通过理论教育、党的路线方针政策教育、党的优良传统作风教育，不断增强党员队伍的理想信念，提高党组织的凝聚力、战斗力。第一次党代会还旗帜鲜明地指出："要教育党员牢记党的基本路线，不断提高反腐蚀、反渗透、反和平演变的能力，坚定共产主义信念，坚持四项基本原则，坚持改革开放，在政治上与党中央始终保持一致，自觉抵制资产阶级自由化思潮的影响。"①

二　做好干部教育培训

毛泽东在延安时期就提出过党员干部"本领恐慌"的命题。注重党组织的学习能力建设，打造学习型党组织，提高党员干部的素质能力是中国共产党在不同历史时期取得成绩的一项重要原因。在社会主义国家里建设经济特区，这是前无古人的探索，对特区干部的理论修养、政治修养、知识水平、业务能力和学习能力提出了更严格的标准。特区成立之后，深圳市委就将广大党员干部的教育培训作为党的事业的重要组成部分，致力于提高党员干部的理论修养和业务能力。

首先是发挥党校这一干部培训主渠道、主阵地的作用。1979 年 4 月，中共深圳市委党校成立。1981 年，党校被确定为局级事业单位。1983 年，内设机构为办公室、行政处、教务处、哲学科学社会主义教研室、政治经

---

① 李灏：《在中国共产党深圳市第一次代表大会上的报告》，1990 年 12 月 15 日。

济学教研室、党史党建教研室、文史教研室、理论研究室，在特区成立之初比较艰苦的环境下，党校迅速建立起了比较完备的学科体系，为日后的发展打下了坚实的基础。1984 年，深圳市委党校被省确定为大专院校体制。1985 年经市委批准，设立了校务委员会。1989 年，成立了深圳市行政学院，在全国首创党校与行政学院合办，既保证了培训类别的精准性，又避免了多头培训和资源浪费。1992 年成立了社会主义学院，确立了一校两院的体制。深圳党校作为特区的意识形态建设的重要阵地，作为培养特区干部理论功底和党性修养的大熔炉，一直受到各级领导的关注。1989 年底，时任全国人大常委会副委员长的习仲勋到深圳党校视察，并为深圳党校题词："一定要把深圳特区党校办好。"深圳市委高度重视党校工作，从20 世纪 80 年代起就由市委领导兼任党校校长，从 1991 年起，根据中央精神，由一名市委副书记兼任党校校长。

党校的培训工作紧密结合党的政治路线和不同时期的方针政策，结合深圳党员干部队伍实际，精心设计培训内容，安排培训师资。在建校之初，着重通过短训班，让广大党员干部学习贯彻十一届三中全会精神、十二大精神和新党章。1983 年，中央颁布《中共中央关于实现党校教育正规化的决定》，其中明确强调了党校在党的事业中的重要地位："党校教育的正规化对于实现干部队伍的革命化、年轻化、知识化、专业化，对于把我们的党建设成为领导社会主义现代化事业的坚强核心，对于继往开来、保证党的路线的连续性，都有重大的意义。"[①] 深圳市委党校的培训也从以短训为主向正规化培训转变，在培训内容上，特别注重将中央方针政策和深圳具体实际结合，于 1984 年下半年至 1985 年举办了"特区经济研究班""特区党的建设理论研究班""特区社会主义精神文明研究班""特区政治体制改革研讨班""特区开放理论研讨班""政治经济学和特区经济进修班"。1986 年至 1988 年间，又通过加强教材建设的方式提高了党校培训的针对性，组织教师编写了《特区经济学概论》《特区企业管理学概论》等五种特区系列教材，进一步提高了党校办学的正规化和学术水平。此外，随着社会主义市场经济的发展，企业党建问题遇到很多新的挑战，

---

① 《中共中央关于实现党校教育正规化的决定》（中发〔1983〕14 号）。

市委党校迅速做出安排，举办了"企业思想政治工作研讨班""企业党务干部培训班"等班次，为企业党建提供理论支撑和人力资源支撑。通过上述努力，在特区成立初期，深圳市委党校通过学科建设、培训体系建设、教学管理创新和教材建设等多项举措，充分发挥了党校工作为特区事业发展点燃引擎、助力飞跃的重大作用。据统计，1979 年至 1988 年，深圳市委党校举办培训轮训主体班 73 期，受训干部 6461 人次；1989 年至 1995 年，举办主体班 261 期，受训干部 33064 人次。①

其次，深圳市委多管齐下，运用多渠道、多平台来提高广大党员干部的学习能力。"政治路线一经确定，干部就是决定性的因素。"② 随着特区事业的发展，提高特区干部能力素养的要求就愈加显得迫切。对此，时任市委书记的李灏曾指出："要领导广大群众去完成这样一项复杂的综合性工程，我们光有热情，光有忙忙碌碌和勤勤恳恳的精神还不够，必须有很高的政策水平，有很高的理论素养，必须加强理论的指导。"③ 深圳市委不仅要求深圳在经济建设上出成绩，更要求经济特区在理论上出成绩。为了提高干部的理论修养，除了党校这一干部培训的主渠道、主阵地以外，在特区成立初期，深圳市委还充分根据实际情况，充分发挥了企事业单位政治夜校、市委讲师团、党日活动、理论中心组学习、科研学术机构等多层面的优势和特点，共同把特区党员干部教育培训事业做好。

三　促进精神文明建设

建设社会主义精神文明是中国特色社会主义的本质要求。深圳市委在特区建立之初就有一种判断，那就是推动经济迅速发展比较有把握，但是在经济发展的同时加强社会主义精神文明建设相对而言是很有挑战性的，而且精神文明也是和资本主义制度相比更能体现社会主义优越性的重要因素。因此，深圳市委在贯彻中央关于"两个文明一起抓"的战略过程中，不仅用社会主义精神文明的原则来要求广大党员干部，而且

---

① 《深圳市志》第 6 卷，方志出版社 2009 年版，第 91 页。
② 《毛泽东选集》第 2 卷，人民出版社 1991 年版，第 526 页。
③ 李灏：《在市委一届二次全体（扩大）会议上的讲话》，1991 年 9 月 21 日。

特别注重发挥党员的先锋模范作用，将党内的理想信念教育、党性教育和道德建设有机结合起来，要求广大党员干部在工作中和生活中以自己的榜样作用带动人民群众自觉树立高尚道德情操，以"四有"新人的标准严格要求自己。

在特区成立之初，深圳市委尽管看到了"两个文明一起抓"的极端重要性，但是在全体党员和广大人民群众中还没有形成高度认同的舆论氛围。而且在社会舆论中还存在诸如应该先搞经济建设再搞精神文明建设；经济发展水平是精神文明水平的前提和基础；经济建设必然会导致精神文明建设的滞后等不正确的论调。随着特区建设的展开，极"左"思想流毒未能完全铲除，外部各种腐朽思想对社会风气的侵蚀则与日俱增，社会不正之风和各种丑恶现象有所蔓延。同时，新兴的城市建设不能满足人民群众日益增长的文化需求，文化设施、文化载体较少。

为了建设和特区经济地位相适应的精神文明，更好地推动特区整体事业健康有序发展，为经济建设提供精神动力和智力支撑，深圳市委在充分调查研究的基础上，于1985年11月20日颁布了《深圳经济特区精神文明建设大纲》，这是全国范围内较早制定的关于精神文明建设方面的专题规划，不仅对深圳，乃至对全国的精神文明建设都具有极强的探索价值。该《大纲》明确了深圳市精神文明建设的重要性和作用、开展精神文明建设的总目标、通过立法保障精神文明建设以及加强党的领导来推进精神文明建设等内容。该《大纲》还强调全市的各级党组织，特别是领导干部，必须在思想上充分认识特区多种经济成分并存，两种思想、两种文化既交流又斗争的客观环境，具备忧患意识和应对挑战的精神准备。必须加强对马列主义、毛泽东思想基本理论的学习和研究，不仅在理论认识层面，也要在实际工作层面分清社会主义和资本主义的本质区别，进一步坚定远大的共产主义信念，在实践工作中善于把原则性和灵活性辩证统一地结合起来灵活应用，为做好特区各项工作提供精神文明的支撑。在大纲精神的指引下，在全市党员干部的带动下，全市掀起了有关理想信念、纪律教育、形势教育、职业道德教育等活动，多次邀请解放军英模和劳模报告团来深做报告，同时开展各种群众性的自我教育活动。据统计，1986年，"全市有3万名干部参加了正规化理论教育的学习，系统地学习了政治经济理论。其中有 1500 人写了论文，有 16000 多人取得了结业证书。此外还开办了各类专业培训班 186 个，参加学习的职工达 286715 人"。①

尽管在党委的领导下，精神文明建设取得了一系列成绩，但是到了 20 世纪 90 年代初，社会风气中的丑恶现象也在与日俱增，"七害"（黄、赌、毒、黑、淫、拐、迷信）问题在一定程度上还很猖獗。因此，必须应对新形势，在精神文明建设上做出新部署。1991 年，深圳市委、市政府颁布了《深圳市社会主义精神文明建设"八五"规划》。该《规划》阐明了未来十年深圳市精神文明建设的指导思想和基本原则，要求通过精神文明建设为深圳各项事业发展提供精神动力，确保正确前进方向，并培育大量"四有"新人。《规划》还对精神文明建设所需的制度、财力、物力保障进行了部署，对指导深圳精神文明建设顺利进行具有深远的意义。

在建设社会主义精神文明的过程中，特区发展过程中的客观存在的具有正向引领作用的"深圳精神"呼之欲出，1987 年全市召开思想政治工作会议，将"深圳精神"概括为"开拓、创新、献身"，1990 年深圳市委又将"深圳精神"提炼为"开拓、创新、团结、奉献"。"深圳精神"的提炼和宣传，是深圳经济特区意识形态工作中的一件大事，对内有利于凝聚人心、激励前行，对外有助于塑造良好城市形象，提高城市吸引力和凝聚力，为深圳经济社会全面发展提供了文化软实力方面的有力保障和方向引领。

第三节 加强组织建设筑牢基础

组织建设是党的建设的根基。在深圳，组织建设不仅要面向传统的单位开展，还要面向新兴的领域和社会组织。如何在有别于计划经济的市场经济体制中探索、开展党的组织建设，对各级党组织而言，是一个新的时代课题。

---

① 深圳市史志办公室编：《中国经济特区的建立与发展（深圳卷）》，中共党史出版社 1997 年版，第 312 页。

一 优化领导班子建设

俗话说："火车跑得快，全靠车头带"，榜样的力量是无穷的。党的组织建设的关键环节是领导班子建设。领导班子坚强有力，就能有效带领本部门或本地方的广大党员团结前行，开拓创新；如果领导班子没有凝聚力，广大党员的先锋模范作用的发挥就会受到影响。深圳市委从特区成立之初，就重视并善于抓领导班子建设。特区刚成立时，由于各级领导班子成员的年龄偏大，加之"文革"的影响，多数干部文化程度也不高。为了加强各级领导班子建设以适应特区事业发展的需要，市委按照中央和省委的要求，迅速组建了各级领导班子及相关机构，据统计，当时共"建立了7个区委，增设局以上单位18个，全市配备科以上骨干930人，提拔局以上干部29人"，① 各级领导班子得到了充实和强化。

1981年到1983年期间，深圳市委为了适应特区事业迅速发展的新要求，坚持改革创新精神，按照"机构要精简，人员要精干，办事效率要高"的原则，大刀阔斧地改革了行政管理体制和经济管理体制，经过改革，"原有局以上行政单位65个，保留36个；局以上机关干部由原来的2112人减至809人"。② 这一阶段的领导班子建设有两个鲜明的特点，一是"不拘一格降人才"，大胆使用中青年干部，唯才是举，打破了"论资排辈"的局限；二是"五湖四海"，这里的五湖四海指的是从全国各地选调优秀干部到特区工作，所以深圳的干部队伍建设和领导班子建设一开始就特别注重团结和凝聚力。通过市委的艰辛努力，在20世纪80年代初期，卓有成效地解决了领导班子和干部队伍基础薄弱的问题，各级领导班子的年龄结构和学历结构得到了优化，为勠力同心、奋发有为干事创业提供了可靠的保障。

1981年，党的十一届六中全会通过了《关于建国以来党的若干历史问题的决议》，其中指出，在坚持革命化的前提下，逐步实现各级领导人员的年轻化、知识化和专业化。革命化主要是指理想信念、政治素养、道

---

① 《深圳市志》第6卷，方志出版社2009年版，第53页。
② 同上。

德品行等方面；年轻化主要强调干部要年富力强，有开拓创新精神；知识化主要指干部要具备文化修养和知识水平；专业化主要指干部要具备专业能力和业务素质。1982 年，党的十二大把干部的革命化、年轻化、知识化、专业化的要求写入了党章。从此，"四化"原则成为党的干部队伍建设的基本遵循，这是中央基于党的干部队伍现状和改革开放新形势客观要求做出的重大战略决策，内涵丰富，逻辑严谨，具有极强的针对性和指导性。深圳市委在特区成立之初，正是严格遵循了中央关于干部"四化"原则进行领导班子建设，将"四化"的精神注入到干部队伍建设的全过程去，有力地推动了特区事业发展。

在 1985 年到 1987 年的"整党"活动期间，在组织建设方面正是依据"四化"原则调整了领导班子，把那些思想正派、坚持改革开放、有开拓创新精神、懂现代化管理、有实际工作经验的合格干部充实到了领导班子队伍中去。此外，这一时期深圳市委还加强制度创新，探索实行领导班子目标管理制度和党建责任制度来加强对领导班子的监督，还通过党校教育以及领导班子思想作风座谈会的方式来提高领导班子的党性觉悟和政治修养。

1990 年，中国共产党深圳市第一次代表大会召开，时任深圳市委书记的李灏同志全面总结了特区成立十年来的经验，在展望未来，部署下一步工作的时候将领导班子建设作为党建的一个核心问题来对待，强调了领导班子建设要遵循干部"四化"和"德才兼备"的原则，而且对领导班子建设的重点和具体标准明确做出了要求："领导班子要加强自身思想作风建设，要认真贯彻党的民主集中制，健全党内民主生活制度，坚持重大问题集体讨论决定，反对家长作风；坚持党性原则和顾全大局，反对个人主义和本位主义；坚持五湖四海，反对拉帮结派；严格党的组织纪律，维护党的团结统一。"①

通过上述有力举措，从根本上扭转了特区成立初期干部队伍和领导班子人才不足的困境，在领导班子的年龄结构、学历结构等方面实现了质的飞跃，也有效地提升了干部队伍特别是领导班子的思想作风修养，促进了

① 李灏：《在中国共产党深圳市第一次代表大会上的报告》，1990 年 12 月 15 日。

各级领导班子的团结，为做好下一个历史时期的工作奠定了坚实的组织基础。

二　巩固党的基层组织

基层党组织是党的全部战斗力的基础，是党的事业的组织支撑、工作支撑，又是密切联系群众的重要渠道。所以，加强基层党组织建设是开展党建全部工作中的基础和前提。在深圳经济特区创办之初，基层党组织建设也成为深圳市委考虑的首要问题。

整顿农村基层党组织是当时迫在眉睫的要求。因为历史上长期"左"倾错误的影响，又大搞"政治边防"，导致深圳市的农村地区经济水平长期滞后，土地荒芜，大量群众外流香港，很多基层党组织处于软弱涣散状态。习仲勋在1979年就明确强调要加强农村基层党组织建设，他指出："要集中力量，抓紧时间，落实基层干部的政策。对于各级领导班子，要很快进行调整和整顿，使其真正成为领导农村建设的战斗指挥部。"

1979年4月，市委颁布《关于制止偷渡外逃和整顿社会秩序的通知》，强调要把反偷渡和整顿农村基层党组织，改进作风，做好经济发展结合起来。"没有调查就没有发言权"，1981年下半年，深圳市对农村基层党组织的情况进行了摸底和检查。1982年上半年，针对农村党组织软弱涣散的情况，将宝安福永公社、罗湖福田大队作为试点进行重点整治。在试点取得经验的基础上，1982年下半年，市委分两批对农村基层党组织进行全面整治，"对266个大队党支部和183个乡镇企事业单位党支部进行整顿，参加整顿的党员6413人"。[①]

随着改革开放的深入发展，深圳市委依据中央的方针政策，结合深圳本地实际，于1985年重点调整充实了部分农村基层党组织的领导班子，提高了基层干部"革命化、年轻化、知识化、专业化"的水平。1991年，还按照中央和省委部署开展了农村社会主义思想教育活动，通过这次活动"受教育的群众达92.7%，村（居委会）党员、干部达98.6%，团员青年

---

① 《深圳市志》第6卷，方志出版社2009年版，第39页。

达 93.5％，外来人员达 82.9％。经检查验收，第一批社教单位合格率达 100％"。① 此外，还结合建党纪念日，评选了农村基层党支部中的先进典型，在实践中产生了良好的效果。1992 年，原特区内实行农村城市化改造，4.6 万农村居民全部转为城市居民，经调整建立了 91 个居委会和 66 个股份合作公司。深圳市委非常重视党组织的覆盖，在这些新成立的城市居民组织中很快设立了党支部并切实发挥其战斗堡垒作用，为后来的社区党建创新发展奠定了坚实的基础。

在国企党建中，深圳市委也积极推动国企党组织充分发挥政治核心作用，促进企业健康发展。1984 年，国企改革实行厂长负责制，由于认识上的误区，有些企业的党建工作受到了削弱。1986 年，市委组织部颁布了《深圳市股份制企业党组织工作暂行规定》，为党组织参与企业事务提供了制度基础，并对如何发挥党组织和党员的作用做出了规定，在如何处理党组织和股东会、董事会、监事会、工会、职代会等机构的关系等问题上做出了安排。1989 年 8 月 28 日，中央颁布《中共中央关于加强党的建设的通知》，该《通知》在加强党的基层组织建设中首先就强调了企业党建的极端重要性，明确指出"企业党组织应当支持厂长（经理）依法行使职权。实行厂长（经理）负责制，不能淡化基层党组织的作用，削弱党的领导。企业党组织要改进工作方法和活动方式，充分发挥党的政治优势"。② 为了贯彻中央精神，深圳市委进行了针对企业党建的专项调研，坚持问题导向制定了《关于加强我市全民所有制企业党的工作的意见》，澄清了对国企党建的错误认识和模糊认识，巩固了党组织在国企中的政治核心作用，要求企业中的所有党员都必须树立党的观念，履行党员义务，自觉接受党组织的监督。

在机关党建方面，深圳市委于 1988 年 8 月成立了市直机关工委，统一管理市属的机关党员，机关党建有了具体负责的牵头单位。1991 年 5 月，深圳市委下发了《批转市委组织部、市直机关工委〈关于加强市属机关党的建设的请示〉的通知》。该《通知》对市直机关工委和机关党组织

---

① 《深圳经济特区改革开放专题史》，海天出版社 2010 年版，第 364 页。
② 《中共中央关于加强党的建设的通知》，1989 年 8 月 28 日。

的功能定位、具体职能都做出了具体规定，而且在机构设置、人员配备、经费保障等方面都做出了明确的要求。从此，机关党建有了可以遵循的具体规定，开展工作和活动的规范化程度进一步提升。

在非公经济组织党建方面，深圳可谓开全国之先河。深圳最先遇到非公党建的课题，深圳的探索经验不仅解决了自身面临的迫切问题，也为全国解决类似问题提供了成功案例。随着对外开放的进一步发展和市场经济的繁荣，深圳的非公经济随之壮大。如何做好非公党建关系到党在社会主义现代化建设中的领导核心作用的发挥。1986 年，深圳市工商联成立，基本性质为以工商业人士为主的人民团体。为了适应市场经济改革的需要，深圳市委对工商联的组织结构进行了调整，明确工商联的定位是面向国有、集体、三资、私营企业和其他工商业人士组成的具有统战性、经济性、民间性的商会组织，同时承担起领导非公党建的重要使命。1991 年，深圳市委统战部依据上级精神，坚持依据"团结、帮助、引导、教育"方针，着力做好非公经济代表人士的思想政治工作，团结非公经济人士，并引领非公经济朝着正确的政治方向发展。1992 年 1 月，撤销工商联，单独组建市总商会，由市总商会设立市民间企业家工会作为其成员单位，更加有效地指导非公经济健康发展，同时也更有效地指导非公党建发展。关于非公经济党建工作的功能定位，时任市委书记李灏曾在 1990 年深圳第一次党代会上明确了"三资"企业党建工作的基本任务："保证党和国家有关对外开放、利用外资的一系列政策、法律和法令的贯彻执行，保证监督企业的协议、合同、章程的执行；依法维护投资各方的利益和员工的合法权益，团结投资者和广大员工共同办好企业。"[①] 在此基础上指出了做好"三资"企业党建的原则，做好教育管理、健全党的组织、积极慎重开展工作、把党建优良传统和企业自身特点有机结合起来，探索"三资"企业党组织的活动方式和工作路径。

1991 年市委一届二次会议进一步明确强调了非公企业的重要性："对'三来一补'企业，各级领导的眼光一定要放远一些，要从深圳的地位作用，从特区未来的发展、经济的构成这样一个角度看问题，只有这样才能

---

① 李灏：《在中国共产党深圳市第一次代表大会上的报告》，1990 年 12 月 15 日。

更好地统一认识。"① 时任市委书记的李灏还明确要求对"三来一补"企业的实际情况进行充分调研，从而积极、稳妥、注意方式方法做好引导提高工作。

三　探索科学的党员管理办法

在基层党建工作中，深圳市委非常注重发展党员工作，按照中央提出的"坚持标准、保证质量、改善结构、慎重发展"的要求，扎实推进党员发展工作，特区成立后党员人数迅速增加。据市组织部统计，"1979年，全市党员14315人，其中35岁以下党员占27.1%，大专以上学历的党员仅占2.2%。随着特区建设的发展，党员数量不断增加。1983年两万名基建工程兵集体转业参加特区建设，当年增加党员数达13685人"。② 随着党员队伍的逐渐壮大，如何把好入党的质量关，如何进一步做好党员队伍的管理工作，确保党员队伍的先进性和纯洁性，成为深圳党委必须面对的重要课题。

1983年党的十二届二中全会通过了《中共中央关于整党的决定》，这是针对党内在思想上、组织上、作风上存在的突出问题做出的非常必要的战略部署，为期三年。此次整党的主要任务是统一思想，整顿作风，加强纪律，纯洁组织。要求全党坚持三中全会的路线，保持思想上、政治上的高度一致；要求贯彻全心全意为人民服务的精神，反对脱离群众的官僚主义；要求坚持民主集中制，反对无组织无纪律、家长制、帮派性和自由主义；要求按照党章规定，把坚持反对党、危害党的"三种人"（追随林彪、江青反革命集团造反起家的人，帮派思想严重的人，打砸抢分子）清理出党组织。

1983年3月，深圳市委根据中央和省委的部署，首先在中国银行深圳分行、市电子工业公司、市机械厂三个单位开展整党试点工作，积累了有益的经验。1984年开始清理"三种人"，通过实事求是的精神和严谨细致的工作，最终确认在"文化大革命"期间"存在各种问题的党员103人，

---

① 李灏：《在中国共产党深圳市一届二次全体（扩大）会议上的讲话》，1991年9月21日。
② 《深圳市志》第6卷，方志出版社2009年版，第42页。

重点核查对象 18 人，基本查清重点对象 9 人"。①

1985 年，市委转发整党工作指导小组做出的《关于整党工作的部署意见》，明确本次活动分两批进行，自上而下开展，由领导班子开始，再转向领导干部和党员群众。随着整党的深入开展，1986 年 5 月，深圳市委又下发了《关于建立健全党的组织生活制度的意见》《关于建立和实行全党抓党风责任制的决定》，针对部分党组织软弱涣散、部分党员干部责任意识缺失的问题进行整治，形成了整党活动的合力，效果显著，有力地夯实了深圳市党建工作的基石。1985 年是整党活动的关键一年，深圳市农村整党活动结束，据统计"10288 名党员参加整党，611 个党支部经过整顿"。② 到 1987 年整党活动顺利结束，在深圳党委的坚强领导下和全市党员干部的积极参与下，整党活动在深圳的效果十分显著，深圳市广大党员的先锋模范作用和基层党组织的战斗堡垒作用得到更加有效的发挥。

根据党的十三大的精神，深圳市委进一步完善了组织管理的架构，对政府机关党组织直接管理企业党组织的管理体制进行了变革，于 1988 年新设立市属企业工委、驻深单位工委，还将直属党委改为市直属机关工委，1989 年又设立了学校工委。这样就形成了"五区一县四个工委"的基本布局，为深圳市委加强对企业、学校等领域基层党组织的管理提供了重要组织保障。

根据中央组织部《关于建立民主评议党员制度的意见》，深圳市委于 1989 年开始在全市范围内实行该制度。民主评议党员制度是中央组织部为了贯彻落实"党的建设走出一条不搞政治运动，而靠改革和制度建设的新路子"精神的一项制度创新，把教育、管理和监督党员融为一体，对党员的思想、政治、作风、纪律意识等五方面的情况进行民主评议，采取学习教育、自我评价、民主评议、组织考察和表彰处理五种方式，经过评议各项程序，最后"对民主评议的好党员，由党组织通过口头或书面形式进行表扬。对模范作用突出的党员，可经过支部大会讨论通过，报上级党委批准，授予优秀共产党员的称号。对评议中揭露的违法乱纪等问题，要认真

---

① 《深圳市志》第 6 卷，方志出版社 2009 年版，第 48 页。
② 同上。

查明，严肃处理。经评议认为是不合格的党员，支委会应区别不同情况，提出妥善处置的意见，提交支部大会，按照民主集中制的原则进行表决"。① 中组部明确要求各级党委要加强领导，协调组织、宣传、纪检等部门的力量，共同把民主评议党员工作搞好。深圳市委实施的民主评议党员制度，有效地找到了对党员进行管理监督的科学抓手，提高了党员队伍的质量和战斗力，对未来深圳党的建设事业具有深远意义。

1989 年春夏之交的政治风波以后，根据中共中央、广东省委关于在"清查、清理工作基本结束后在部分单位进行一次党员重新登记"的要求，1990 年 2 月，深圳市委制定了《党员重新登记工作实施方案》，开始了严谨细致的党员重新登记工作，据统计，全市"有 185 个单位共 14077 名党员参加党员重新登记工作，其中 13470 名党员准予登记，有 121 名党员受到组织处理，占参加登记党员的 0.85%。受到组织处理的 121 人中，不予登记的 18 人，自行脱党除名 2 人，退党除名 6 人，取消预备党员资格 3 人，开除党籍 14 人，暂缓登记 31 人，其他处理 47 人"。②

在深圳经济特区成立初期，深圳市委在坚决贯彻中央关于党的建设的相关方针政策过程中，解决了自身党建中存在的各种突出问题，统一了思想，整顿了作风，巩固了组织，同时也积累了经验，这些在加强党员管理方面的成功经验是一笔重要财富，不仅为未来特区党建事业披荆斩棘、开通道路奠定了基础，而且探索出了未来加强党员管理监督方面的工作思路，具有重要的方法论价值。

四　建设特区人才队伍

"党管干部，党管人才"是中国共产党组织人事制度的一项基本原则，中国共产党历来重视人才工作。善于吸引人才、选拔人才、培养人才、使用人才、激励人才是我们党在不同的历史时期取得成绩的一项重要原因。深圳经济特区不断发展的历史就是一部体制机制创新、不断吸引全国各地

① 《中共中央批转〈中央组织部关于建立民主评议党员制度的意见〉的通知》，1988 年 12 月 15 日。

② 《深圳市志》第 6 卷，方志出版社 2009 年版，第 48 页。

优秀人才来特区干事创业的历史,深圳经济特区所有事业取得成绩的一个重要原因就是牢牢坚持了"党管干部,党管人才"的原则,通过党的领导,不断推进人才工作创新发展,成功吸引海内人才,有效地发挥了人力资源优势对特区事业发展的推动力。

深圳经济特区成立之初,非常缺乏人才,据统计:"全市 7000 多名干部中,从事行政工作的占绝大部分,仅有 1 名工程师和 325 名中、初级专业技术人员。干部队伍普遍存在年龄偏大、文化程度低的问题,大专文化程度以上的干部仅占总数的 9%。"① 另外,从特区建立之初新发展的党员的学历结构中也能得出同样的结论,资料显示:1983 年全市新发展党员 652 人,其中大专以上文化水平的仅有 87 人;1984 年全市新发展党员 736 人,其中大专以上文化水平的仅有 193 人。② 面对如此严峻的"人才荒"与特区现代化建设急需人力资源和智力支持的迫切要求之间的巨大张力,深圳市委从实际出发,以巨大的政治勇气和敢为人先的魄力,闯出了一条具有特色、轰动全国的人才工作新路子,不仅为特区事业起步、腾飞奠定了基础,也为全国人才体制改革探索了先进经验。

蛇口工业区在人才工作方面走在了前列。一方面,实行了劳动合同制,打破了传统的"铁饭碗"或"人才单位所有制",蛇口工业区允许企业在用人方面的选择权、管理权、试用权以及辞退权,同样赋予职工以辞职权,在工业区内部允许人才的合理流动配置。为了激励人才,蛇口还坚持按劳分配的原则,打破了工资制度方面的"大锅饭"。1983 年,蛇口实行岗位职务工资制度,工资由基本工资、岗位职务工资和浮动工资三部分组成,其中基本工资和岗位职务工资相对稳定,而浮动工资则占到整个工资比重的 22%,远远高于内地工资中奖金所占的比重,浮动工资的多少又是直接和企业经营发展息息相关的。所以,这种工资改革制度大大地提高了广大干部职工干事创业的积极性和主动性,蛇口产生的"时间就是金钱,效率就是生命"成为时代精神的生动写照。另一方面,蛇口工业区还

---

① 深圳经济特区研究会、深圳市史志办公室编著:《深圳经济特区三十年:1980—2010》,海天出版社 2011 年版,第 41 页。
② 《深圳市志》第 6 卷,方志出版社 2009 年版,第 46 页。

注重解决好人才在生活工作中的难题，帮助人才解决夫妻两地分居的问题，做好人才培训工作，不断提高人才的各方面素养，形成了一条有鲜明特征的"不拘一格降人才，工资改革激励人才，通过培训培养人才"的人才工作新道路。

在总结蛇口经验的基础上，深圳市委紧紧抓住历史赋予的机遇，在经济管理体制和人事管理体制等方面都实现了政策性的突破，为做好人才工作提供了良好的环境。比如，制定颁布了《广东省经济特区企业登记管理暂行规定》《广东省经济特区企业劳动工资管理暂行规定》《深圳经济特区土地管理暂行规定》《深圳经济特区商品房产管理规定》等，这些规定和举措对于维护投资者和经营者的合法权益，简化行政管理手续，促进人才合理配置起到了关键的作用。

在深圳市委的领导下，依据中央和省委给予特区的特殊灵活政策，大胆改革旧有的单一调配人事制度，采取多管齐下、广开渠道吸纳八方人才。从1982年开始，深圳市每年派出招聘干部工作组，到全国各地招聘优秀干部和专业技术人才来特区创业。除了赴外招聘外，深圳市还充分运用商调、选调、借调、对口支援等灵活方式来吸纳人才。当这些人才来到深圳特区后，深圳市尽可能地提供住房等方面的优惠政策来"稳住人才"，实现"待遇留人，感情留人，事业留人"。同时，深圳市还坚持"教育与经济同步发展"的原则，注重对人才的培养工作，根据人才的种类，将其选送到市委党校、中山大学、暨南大学、香港中文大学培训，一方面做好各类人才的思想政治工作，另一方面使这些人才能够不断成长，不断提高自身素质，从而为特区建设贡献更大的力量。为了做好人才的各项配套工作，深圳市还成立了各类人才的技术职称评定委员会，做好各类人才的技术职称评定、晋升和管理工作，使人才的价值感、尊严感和收入得到有效保障。

特区创办初期通过创新人才工作，在短时间内大量扩充了特区人才队伍，优化了特区人才队伍结构，激发了特区人才干事创业的热情，特区"人才荒"现象初步得到有效缓解，人才队伍有力地支撑了特区各项事业的发展，而且在实践中开始逐步形成独具特色的"来了，就是深圳人"的健康人才文化。

第四节　注重党风廉政建设

党风廉政建设事关党的形象。中共从自身根本宗旨出发，形成的优良作风，是区别于其他政党的显著标志，也是党的各项事业不断取得胜利的重要保障。面对着新的经济管理体制和诸多新情况新问题，深圳党建在党风廉政建设方面，从一开始就坚持党要管党、从严治党的方针，为特区的发展营造了良好的环境。

一　纪检工作保障特区事业健康发展

党要管党、从严治党，是中国共产党能够在革命、建设、改革不同历史时期取得一个又一个胜利的一项重要经验。从严治党是保持党员干部队伍先进性和纯洁性的重要途径，是推进党的事业不断发展、实现不同时期战略目标的重要保障。深圳经济特区作为改革开放的前沿阵地，市场经济最活跃，意识形态斗争最尖锐，各种物质诱惑最强烈，因此，在深圳经济特区坚持从严治党，具有特殊的重要意义。特区成立初期，深圳就把严格对党组织和党员的管理放在突出位置来抓，确保了特区干部队伍的纯洁性，也有效地推动了特区事业的健康发展。

1979 年 1 月，中共深圳市委纪律检查委员会筹备组成立，8 月，中共深圳市委纪律检查委员会正式成立，方苞同志担任书记。1984 年 10 月，市委纪委升格为中共深圳市纪律检查委员会。1990 年深圳市第一次党代会之前的市纪委领导成员由省委组织部任命，之后由党代会选举的市纪委委员全体会议确定。

深圳的纪检工作从一开始就围绕市委的工作大局，围绕特区事业健康发展的大局来开展。在深圳经济特区创办初期，为了贯彻党的十一届三中全会精神，切实落实拨乱反正的任务，深圳市纪检部门本着实事求是精神和对历史负责的态度重点解决历史遗留问题，对中华人民共和国成立以来的历史案件进行了仔细核查，并按照党关于历史遗留问题的政策予以相应处理，据统计："1979—1981 年，全市共受理复查历史申诉案件 472 宗，经复查，决定撤销或改变原处分决定 370 宗，维持原处分决定 102 宗。"① 通过平反冤假错案，解决历史遗留问题，不仅贯彻落实了中央的方针政策，而且促使广大党员干部在新的历史时期解放思想、凝聚共识、轻装前进。

深圳市纪委自特区成立之初就非常重视抓政治纪律，坚决维护四项基本原则，旗帜鲜明反对资产阶级自由化。市纪委反复向广大党员传递一个强烈的政治信号，那就是："我们办的是经济特区，不是政治特区。"按照严明政治纪律的标准，在 20 世纪 80 年代，深圳纪委协助市委领导了多次反对资产阶级自由化的活动，严肃查处了一批违反党的政治纪律的案件，广大党员干部学习《党章》和《关于党内政治生活的若干准则》，有效地增强了党员干部的政治觉悟和组织纪律性，有效地维护了党组织的团结统一，提高了凝聚力、战斗力。

1987 年党的十三大对纪检工作提出了"两个管好"和"四项职能"的要求，即纪委应集中精力管好党纪、党风，履行保护、惩处、监督、教育四项职能。深圳纪委结合深圳经济特区纪检工作的实际情况，将深圳特区纪检工作的功能定位概括为："保护、检查、监督、教育、服务、疏导、整改、协调、探索、奉献"，不仅贯彻落实了党的十三大精神，也充分体现了深圳纪检工作的解放思想和实事求是精神。关于纪检工作功能定位的概括说明深圳纪检工作开始逐步成熟。

在总结特区成立十年的纪检工作经验时，市纪委明确将坚持"一个中心，两个基本点"，促进特区改革开放事业和经济建设作为一项根本的经验。纪委工作坚持党的政治路线，在实践中主要表现为"两个适应"。首先是思想上适应，就是指要解放思想、自觉摆脱僵化、陈旧思想的束缚，坚决与党中央和上级党组织的部署保持高度一致。思想上的适应体现为正确处理四组关系："一是经济政策的特与政治原则不能特的关系，在经济工作上，允许充分运用中央给予的特殊政策和灵活措施，但在坚持四项基本原则和执行党规党纪上不能搞特殊；二是有所引进和有所抵制的关系，在对外开放中，允许引进和吸取对社会主义建设有益的东西，但对资产阶级腐朽的思想、文化、生活方式则坚决反对和抵制；三是经济活动中

---

① 《深圳市志》第 6 卷，方志出版社 2009 年版，第 66 页。

放与管的关系，发展经济贸易，允许党员干部大胆探索，广交朋友，与国际资本打交道，但在组织纪律上要严格管理，放与管同步进行，创新精神与纪律观念相统一；四是党风党纪建设与改革开放的关系，把党风党纪建设与改革开放紧密结合起来，两者互为促进。"① 其次是工作上适应，主要指的是强调组织纪律性，让全体党员干部的思想和行动都统一到党中央的部署上来，做好"疏导"的工作，明确政策边界，使业务工作有明确的依据和预期，要本着惩前毖后的原则，实事求是地做好纪检工作，宽严相济，帮助从事经济工作的同志排忧解难。

到了 20 世纪 90 年代初期，深圳经济特区的发展又站在了一个新的历史起点，新的形势对深圳纪检工作也提出了新的要求。市纪委认为，要坚决贯彻落实中央和上级党组织方针政策，实现深圳经济特区新的战略目标，就必须主动深入到改革开放的生动实践中去，以实事求是精神开展调查研究，防范并打击各种有损改革开放事业的违法乱纪行为。同时，还要积极稳妥地处理改革开放中遇到的新问题，以较高的政策水平处理好各类问题的界限，并大力支持改革开放的先进典型，使纪检工作成为特区事业发展的重要促进力量。

二 严肃党纪营造良好风气

严肃党的纪律，惩治违反党的各项纪律的行为是党的建设的重要组成部分，是密切联系群众，不断夯实党的群众基础的必然要求。党的十一届三中全会明确指出："国要有国法，党要有党规党法。全体党员和党的干部，人人遵守党的纪律，是恢复党和国家正常政治生活的起码要求。党的各级领导干部必须带头严守党纪。对于违犯党纪的，不管是什么人，都要执行纪律，做到功过分明，赏罚分明，伸张正气，打击邪气。"② 党的十一届三中全会还选举产生了党的中央纪律检查委员会，由陈云同志担任中纪委第一书记，明确了中纪委的职责就是维护党规党法的权威，切实搞好党

---

① 李海东：《中共深圳市纪律检查委员会向中共深圳市第一次代表大会的工作报告》，1990 年 12 月 15 日。

② 《中国共产党第十一届中央委员会第三次全体会议公报》，1978 年 12 月 22 日。

风建设。

依据中央的精神，深圳经济特区纪检机关按照党内法规的规定，严肃查处了违反党的各项纪律的党员干部，有效整肃了党内政治生活，经济特区的党风政风得到了净化和提振，赢得了特区广大群众的支持和拥护。在打击违反清正廉洁不正之风方面，1982年4月，中共中央和国务院联合颁布《关于开展打击经济领域中严重犯罪活动的决定》，深圳市纪检部门迅速响应中央的要求，成立了专项行动领导机构，据统计："各级纪委组织440名干部投入查案，上半年立案审查100宗。1983年，查处案件的重点为党员领导干部，全市立案218宗，结案185宗。"① 在特区成立初期，纪检工作还针对一些党员干部钻制度的空子走私贩私行为，处分了参与走私的党员20多人。20世纪80年代末90年代初，随着改革开放和商品经济的迅速发展，部分党员中开始出现"一切向钱看"的消极腐朽思想，经济腐败现象有所抬头。基于这种新的挑战，深圳纪检部门从实际出发，先后围绕清理整顿公司财务、税收、物价，干部建房、个人承包企业、金融信贷、基建招标、出国护照办理等领域，发动人民群众检举揭发，提供线索，查获了大量违法违纪案件，其中不乏大案要案。其中比较有代表性的是从1989年3月至1991年1月的查处党员干部以权谋房的专项行动，也即"清房活动"，据统计："查处以权谋房26宗，其中查清结案20宗，移送司法机关6宗。以权谋房的26宗案件，涉及局级干部2人、处级干部8人、科级以下干部16人；其中被撤销党内职务1人，免除党内职务3人，记大过处分2人，检察机关逮捕4人，取保候审1人。"② 针对党政机关经商办企业、炒买炒卖外汇、滥发钱物的不正之风也开展了专门的治理行动，依据相关政策和法律，"共清查处理党政机关所办企业205个，处理非法买卖外汇单位346个，收缴退赔滥发的钱物折款人民币240多万元"。③ 此外，还通过抓党建促进行业风气扭转，专项整治了行业不正之风和乱收费、乱罚款、乱摊派现象，在特区群众中引起了广泛好评。

---

① 《深圳市志》第6卷，方志出版社2009年版，第109页。
② 同上书，第108页。
③ 李海东：《中共深圳市纪律检查委员会向中共深圳市第一次代表大会的工作报告》，1990年12月15日。

在惩治违反清正廉洁规定的同时，深圳纪检部门还严厉打击了玩忽职守的官僚主义行为。这些行为的本质特征是对党和人民的利益不负责任，具体表现为不深入调查研究、不按相关规章制度办事、没有尽到谨慎敬业的义务，致使做出错误决策以及粗心大意、不听劝阻与外商签约失误等行为。在中央做出关于林业部领导失职问题的处分后，深圳纪检部门也迅速在全市展开了反对官僚主义失职渎职行为的活动。在此过程中，充分尊重客观事实，并且以严肃认真的态度甄别普通程度上的官僚主义作风和因严重官僚主义作风导致的违纪行为之间的区别，做到具体问题具体分析。该项活动效果显著，据统计："1987—1991 年，因犯此类错误受处分的党员干部 48 人，造成经济损失 1.4 亿元人民币和 1.8 亿元港币。"①

如前所述，特区从成立之初就非常注重"两个文明"同步前进，而党建应当起到引领、推动、促进精神文明建设的作用。党员干部作为有共产主义觉悟的先锋战士，不仅在政治上、廉洁上要做出表率和榜样，在道德上和精神文明上也要做出表率。如果党员干部没有严于律己，在道德方面违反了党纪国法，那不仅会在群众中造成恶劣的影响，还很可能是自身继续堕落的一个重要诱因。因此，在生活上和道德上也必须对党员干部提出更高的要求。特区在改革开放前沿阵地，受到外来腐朽思想的冲击也最大。特区成立之初，党员干部违反道德的行为主要表现为不正当两性关系和嫖娼行为方面，尤其是在嫖娼现象上呈现发案率高、团伙作案多、企业人员比例高的特点。深圳纪检部门严格依据党纪和社会主义精神文明的要求，严格执行党的纪律，惩处了一批违纪党员干部，统计显示："1987—1990 年，嫖娼和包养情妇等道德败坏案件呈上升势头，因此而受处分的党员 118 人，占受处分党员总数的 18.9%。这 118 人中，局级党员领导干部 1 人、处级 7 人、科级 22 人。"②

总体而言，特区成立前十年的党风廉政建设取得了比较突出的成绩，探索出了行之有效的经验，市纪委曾在 1990 年总结历史经验的时候得出了"三个坚持"的结论，即坚持市委对党组织和党员提出的严格的高标

---

① 《深圳市志》第 6 卷，方志出版社 2009 年版，第 110 页。
② 同上书，第 111 页。

准，坚持打击经济领域严重犯罪活动、坚决惩处贪污受贿行为，坚持党纪面前人人平等，严格执纪。这些经验为特区的健康发展和未来党建工作的进一步提高都奠定了坚实的基础。

三 通过宣传教育预防腐败

反腐倡廉不能仅靠惩处和制度约束。如果失去了人对制度的认同和敬畏，即使再严密的制度，也终将流于形式。党风廉政的主体是人，是党员干部，而党员干部的行为又都是为自身的理想信念和道德修养所支配。从一定意义上讲，最严格的标准往往不是外在的标准，而是个体内心的自律。因此，加强党风廉政建设也必须依靠宣传教育来提高党员干部的理想信念，提高党员干部廉洁从政的意识，并通过反面教材和警示教育形成强大心理震慑。因此，通过反腐倡廉的宣传教育，牢固树立共产党人的理想信念，才能从根本上增强党员干部的"免疫力"，当遇到外界诱惑的时候才能"岿然不动"。

一方面是专题教育，主要是通过学习贯彻党中央和上级党组织重要决策部署来提高党员干部的政策水平和廉洁自律意识。在党的十一届五中全会之后，市委召开全市贯彻《关于党内政治生活的若干准则》座谈会，传达了省纪委第三次座谈会的基本精神。1981年3月，市纪委负责人曾玲在全市农村三级干部会议上做《认真执行贯彻若干准则，搞好我市党风建设》的报告，对在全市贯彻《准则》精神做出了部署。1986年，市纪委根据中纪委《关于整顿纪律的通知》，在全市党员队伍中开展纪律教育，有效地提升了广大党员干部遵守纪律、执行纪律、维护纪律的自觉性、主动性。1987年到1990年，在全市党员干部中进行了坚持四项基本原则，旗帜鲜明反对资产阶级自由化的宣传教育，有效地提高了党员干部的理想信念和政治修养。深圳市委也一贯重视以法规教育的方式加强党风廉政建设，1991年，在全市党员干部中进行党内法规教育，时任市委书记李灏做《在改革开放中加强党的纪律建设》的法规教育报告，在全市党员干部中产生重大积极影响。

另一方面，深圳市纪检机关还特别注重运用正面示范教育和反面警示教育相结合的方式进行党风廉政宣传教育。"榜样的力量是无穷的"，通过树立清正廉洁、为民服务的优秀党员干部典型，有助于在全市广大干部中树立起学习的榜样和模仿的标杆，能够激发出"见贤思齐"的赶超意识，或者促使反思自身上存在的不足之处，"知耻而后勇"，奋勇改过。1982年，市纪委在全市开展向福田公社新洲大队党支部书记简就稳、附城公社布心大队党支部书记赖成发学习的号召，该活动在建市初期发挥了激励人心的重大作用。1988年，市委号召全市党员干部向参加过抗日战争、解放战争、抗美援朝战争，时任深圳市政府副秘书长的老党员舒成友同志学习，学习他那种"工作兢兢业业，勤勤恳恳，为政清廉，请吃不去，送礼不要，不义之财分文不取，对家属、亲戚、朋友不作特殊关照，自觉抵制各种不正之风，始终保持共产党员本色"① 的精神品格。这种学习形式，和理论政策学习相比，更加直观、更加生动，离广大党员更近，因此，说服力和教育意义也更明显。

反面警示教育，通过公开披露党员干部的违法违纪事实，分析总结该党员腐化堕落的各种因素，不仅能够在党员干部中形成较大的心理震慑，有效树立党纪国法的权威，还能够从反面教材中总结出主客观的教训，帮助广大干部具有"先见之明"，从而避免"前车之鉴"。1983年，市纪委召开了全市科级以上干部大会，公开宣判5宗严重经济违法犯罪案件，在当时党员干部队伍中造成了很大的反响。此后，类似的警示教育在全市范围内还举行了多次。市纪委还采取了让腐败分子公开忏悔以及组织典型事例展览的方式来进行警示教育，比如市纪委和市委宣传部门在1989年、1990年先后举行了"深圳市清正廉明教育展""深圳市十年廉政建设展览"，在此基础上，向全市党员干部印发了《深圳廉政建设之路》画册，推动了警示教育深入基层、深入人心。对于此项工作，中共深圳市纪律检查委员会向中共深圳市第一次代表大会的工作报告中明确指出："要逐步实现党风党纪教育工作的经常化、制度化、规范化。要会同有关部门，充分发挥纪委的优势。利用正反面典型，特别是重大、典型的案件，采取发通报、举办展览、录制教育片播放、在报刊上刊登、在电视上播放等多种形式，进行生动形象和富于说服力的教育，增强教育效果。"

---

① 《深圳市志》第6卷，方志出版社2009年版，第121页。

通过各种渠道的党风廉政宣传教育，有效地弘扬了党的优良传统作风，加强了特区党员干部的党性修养，进而更好地发挥了各条战线上的党员先锋模范作用。

第五节　勇于推进制度创新

制度具有根本性、长期性、稳定性和战略性的特点。在特区初创阶段，尽管各种体制机制均在探索之中，但深圳已经意识到制度建设在党的建设中的重要地位，通过各项制度建设，为党的建设、为特区各项事业提供坚强制度保障。

一　引领行政体制改革

中国的改革开放最早是从蛇口开始的，中国行政管理体制的改革也是从蛇口开始的。1979 年 1 月，根据交通部香港招商局的提议，广东省革委会和交通部向国务院报送了《关于我驻香港招商局在广东宝安建立工业区的报告》，申请在宝安蛇口公社建立工业区，发挥国内土地成本低、劳动力成本低的优势，吸收国外先进的技术和资金，加快我国交通航运事业发展，并促进广东的经济发展。该报告得到了中央的认可，同意在蛇口地区办厂，并且可以采取特殊的经济政策，工业区的行政管理由广东省负责，企业管理由招商局按香港办法执行。蛇口当时实行"立足港澳，背靠国内，面向海外，多种经营，买卖结合，工商结合"的全新发展思想，这就对旧有计划经济体制形成了巨大的冲击，提供了很多可供借鉴的经验，多名中央领导先后参观考察了蛇口工业区。蛇口在发展的过程中，始终坚持党的领导，非常注重发挥党组织的领导核心作用。蛇口党支部坚决贯彻中央"全面而有系统地改，坚决而有秩序地改"的原则，要求党员时刻在思想上和行动上同党中央保持高度一致，通过各种形式加强思想政治教育，确保蛇口事业朝着正确的政治方向前进。在党委的领导下，蛇口从本地实际情况出发，按照党、政、企业分工的原则，创造性地实行党委、管委会领导下的主任、经理负责制。在管理体制、用人制度、劳动制度等方面都取得了新鲜的探索经验。在蛇口工业区董事长袁庚的领导下，蛇口的创新不仅有效地推动了蛇口工业区的迅速发展，其在行政管理、经济管理等方面的先进经验也为整个经济特区的行政管理体制改革提供了有益的启示。

行政体制改革是深圳经济特区发展的题中应有之义，因为深圳本来就承担着打破旧有高度集中的计划经济管理模式弊端的实验使命。而且深圳经济特区成立后，在经济建设的过程中，中外合资、合作经营和外商独资经营的比重比较大，生产的商品主要供出口，市场调节在特区显得格外重要。因此，深圳经济特区必须主动从旧有行政体制和经济管理体制的束缚中挣脱出来，建立更加适应市场经济环境的新体制。当时，行政管理体制改革的基本思路是："按照现代企业制度中产权清晰和政企分开的要求，政府要将原来与政府职能合一的企业经营职能分开后还给企业，使企业从政府的附属物变成自主经营、自负盈亏、自我约束、自我发展的市场主体。"[①] 1980 年，深圳市委、市政府开始了行政改革的尝试，以"简政放权，扩权让利"为主要特点，实行财政包干，对于超额利润实行企业、主管局和市财政分成模式。

在初步尝试取得经验的基础上，深圳市委、市政府于 1981 年启动了第一次行政机构的改革，主要特点是"党政分工，政商分开"。通过改革，有效精简了领导班子的人数，市级领导人数大大减少，部委办局领导职数一正两副，副职原则上不超过三人；还撤销合并了不必要的行政机构和层级，大大减少了各领域的行政人员，据统计："市属部委办局由原来的 65 个减到 33 个，机关行政人员由原来的 2237 人减到 867 人，减少了 61%。"[②] 此外，此轮行政体制改革还果断裁撤了商业局、物资局、工业局等 18 个政企不分的行政机构，建立起具有独立市场主体地位的各类企业，适应了市场经济的发展要求。

1984 年，深圳市委、市政府又启动了第二轮行政管理体制的改革，此轮改革的特点可谓"有减有增"，所谓"减"，主要是撤销了党委系统和政府系统相对应、相重叠的一些机构，将职能进一步转移到政府部门，做

---

① 深圳经济特区研究会、深圳市史志办公室编著：《深圳经济特区三十年：1980—2010》，海天出版社 2011 年版，第 44 页。

② 同上书，第 45 页。

好党政分工，确保党委集中力量发挥领导核心作用，党委部门集中精力主抓中央和上级党组织方针政策的贯彻落实；所谓"增"，指的是按照政府应承担的宏观经济调控职能，充实了计划、财政、银行、审计等经济综合管理部门，以便于政府更好地行使宏观调控职能。

1986年下半年，深圳特区事业到了一个新起点，即由"打基础、铺摊子"向"上水平、求效益"的飞跃。面对新时期的新使命，党委必须进一步推动行政体制改革，以适应经济社会发展新形势的需要。这轮改革的特点主要是加强协调机构、强化监督机构、减少领导层级、便捷办事程序。1987年2月，深圳市委召开常委会，专题研究行政机构改革新方案，提出行政改革是一项复杂的系统工程，不是一次就能解决的，必须不断吸取经验，按照民主化、科学化的思路开展工作。通过这次改革，将原有的三级管理体制改革为市委、市政府和部委办局二级管理体制，减少了管理层级，有效提升了行政效率，有力地配合了经济体制改革。

1988年初，深圳市委紧紧围绕党的十三大关于政治体制改革的新思路，结合深圳实际情况，确定了深圳市行政体制改革的基本目标，主要是着眼于提高效率和活力，着眼于调动各方积极性、主动性，打造"高效、精干、协调"的行政管理机制以适应社会主义商品经济发展的新趋势。在深圳市委牵头下，组织了中央和本地的相关专家对行政体制改革的具体方案进行了大量研究，涉及领导体制、党政分工、机构改革、人事制度改革等多项内容，这些探索不仅在当时推动了深圳特区的行政体制改革，也为后来特区事业的发展奠定了坚实的制度基础。

二　开展公务员制度试点

公务员制度是中国改革开放进程中，总结中外公职人员管理经验基础上的一项重大制度创新，具有深远的历史影响。1949年以后，中国的干部管理制度在历史上曾发挥了重要的作用，但是随着改革开放事业的起步，旧有的管理模式的弊端也逐步凸显，比如队伍臃肿，能上、不能下，选聘机制公开透明度不够，管理权力过于集中，人浮于事、官僚主义，法制化、规范化水平不够，管理方式陈旧，监督制度不完善等问题。这些问题在根本上制约着中国改革开放的全面深入推进，所以对传统的干部管理模式进行改革势在必行。现代公务员制度最初出现在西方资本主义国家,经历了一百多年的发展,在选聘、管理、考核、监督、离任等环节上都形成了一套比较成熟的体制机制,比如按照公务员的类型进行分类管理,不搞"一刀切",还有公开、公平的选聘、晋升的激励竞争机制,以及专业化、制度化、规范化的管理体系等。西方公务员制度作为人类历史发展的重要文明成果,部分内容可以也应该值得我们借鉴。

深圳经济特区成立之后,尽管在人事管理体制改革上取得了一定的进展,但是没有从根本上摆脱旧有模式的束缚,没有完全克服传统体制的弊端,一直没有形成一套科学的人事管理体系和管理模式。党的十三大提出在干部人事制度改革方面,要建立国家公务员制度,要制定法律和规章,依据法律,对政府中行使国家行政权力、执行国家公务的人员,进行科学管理。深圳市委以"敢为天下先"的精神率先提出了建立公务员制度的设想,并从实际出发,在实践中探索公务员制度的建立和实施。在社会主义国家建立公务员制度没有先例可循,又涉及方方面面,因此深圳市委、市政府以科学的精神和务实的态度进行了大量调研,于1988年制定了《深圳经济特区建立国家公务员制度的初步方案》。该方案在目标定位上,一方面要面向1997年香港回归,深圳基于独特的地理区位和中国改革开放试验田的功能定位必将在公职人员的管理体制上承担探索和实验的使命;另一方面要基于深圳外向型的经济发展战略,探索如何在坚持社会主义基本制度和四项基本原则的前提下,吸收借鉴西方公职人员管理体制中的先进经验,为我所用。因此,该方案精心设计了改革的路线图和时间表,逐步建成既符合国家标准又具有深圳特色的公务员制度,打造依法行政的高效能的政府机关和一支廉洁、精干、为民的公务员队伍。

蓝图设计是美好的,但实际工作挑战却是复杂的。这种挑战不仅有来自对做好新生事物经验的不足,也有来自舆论的质疑。比如:"一些同志认为深圳推行公务员制度是孤掌难鸣,影响了信心。还有些同志对建立公务员制度的意义存在片面认识,认为改革就是增加机关干部的工资,甚至以香港公务员的工资水平来判断深圳实行公务员制度的难度。"[1] 更为重要

---

① 　王鑫:《深圳党的建设大事》,海天出版社2008年版,第68页。

的是，有关公务员制度实施过程中涉及的一些重要环节也还存在着配套政策不具备、现行政策环境中存在的种种不协调等问题。比如如何做好分类管理，对不同类别、不同岗位、不同级别的公务员如何公平科学地评价；如何实现党管干部原则与依法管理公务员之间的统一；如何协调公务员工资制度与事业单位工资制度之间的关系；还有公务员工资待遇和企业管理人员薪酬之间的差距，部分公职人员工作积极性不够，甚至导致部分公职人员人才流失。据1988年的统计显示："机关中有近70%的人表示希望离开机关到经济效益好的企事业单位工作，其中越是年轻、文化高的干部，所占的比例越高。"①

深圳市委牵头，本着实事求是、严谨认真的态度，对公务员制度实施方案反复调整充实。1988年，深圳市政府首先选择了市税务局和审计局进行试点，之所以选择这两个单位主要是因为这两个单位都具有专业性比较强、职能比较明确的特点。在开展试点工作的过程中，主要工作内容是确定试点单位的"三定"方案，明确每个部门公务员的职位架构、职级标准和职位说明。还制定了现有人员向公务员过渡的方案，确保了改革平稳有序开展。通过改革试点工作，在有关公务员的录用、考核、培训、回避、纪律等环节都取得了重要的经验，为全市进一步做好公务员制度改革积累了经验，提供了宝贵的参考。1990年10月得到国家人事部和广东省政府的批准，深圳市正式成为国家公务员制度的试点城市。

随着试点工作的开展，深圳市公务员制度不断完善，在考核、录用、奖惩、培训、工资制度等方面都做出了比较科学合理、符合实际情况的规定，为下一个阶段深圳公务员制度的发展奠定了重要基础。

三　以制度建设加强监督

制度具有长期性、根本性和稳定性。进入改革开放新时期，制度建设在党的建设中被提到了突出的位置。邓小平同志非常重视制度建设在党建工程中的重要性，他曾指出，制度好可以让坏人无法横行，制度不好则让好人无法充分做好事，甚至相反。因此，邓小平同志非常注重通过制度建

---

① 王鑫：《深圳党的建设大事》，海天出版社2008年版，第69页。

设来监督党员干部，避免腐败现象的出现。

首先是通过加强制度建设，确保广大人民群众能够充分行使对党员干部队伍的监督权利。"群众的眼睛是雪亮的"，早在延安时期，毛泽东和民主人士黄炎培的"窑洞对"中就高瞻远瞩地指出，只有靠民主，让人民群众都来监督政府，政府才不会懈怠，才能成功跳出历史周期律。特区成立之后，纪检部门在纪检工作中坚持走群众路线，非常重视处理群众来信来访，从中获得党员干部违纪违法事实的线索，从而有效地实现人民群众对党员干部的监督权利。据统计，"1987 年全市立案查处的 116 宗经济犯罪大案要案中，属于匿名信提供线索查实而立案的有 65 宗，占大案要案总数的 56%"①。后来，为了更方便人民群众行使对党员干部的监督权，全市纪检部门于 1989 年普遍设立了接待室和纪检信箱，还建立起了领导干部接待来访和约谈制度，明确规定实名信访和举报优先得到解决和处理。对于收到的举报检举线索，纪检部门按照实事求是的精神，注意问题的性质和程度、情形，依规依纪做出处理，既不放过一个违纪党员，也不冤枉一个好人。并且，对于受到诬告造成不良社会影响的党员干部，纪检部门还本着对党员负责的态度，以事实为依据，在相应的范围内对被诬告对象进行澄清是非、恢复名誉的工作。"阳光是最好的防腐剂"，保障群众的知情权和参与权，扩大政务公开透明度也是对党组织和党员干部实现监督的有效机制。党的十三大后，全市纪检部门协助党委和政府部门建立了"办事公开，群众监督"的制度。1989 年，深圳市委转发了市纪委关于在全市推广市工商局"两公开一监督"经验，全市进一步将政务公开透明作为党建的一项举措来抓，在实践中也取得了良好的效果。据统计，当时"全市 1964 个县（处）级以上单位制定了制度，占应制定制度单位的 40%"。②

其次，通过制度建设，使党内监督制度化。1981 年党的十一届五中全会制定了《关于党内政治生活的若干准则》（以下简称《准则》），这是基于历史经验教训，面向改革开放新时期的一部重要党内法规。为了贯彻

---

①　《深圳市志》第 6 卷，方志出版社 2009 年版，第 103 页。

②　同上书，第 121 页。

《准则》的精神，深圳市委颁布了《关于端正党风，反对"三特"的若干规定》，所谓反对"三特"是指反对特权、反对生活特殊化、反对当特殊党员。深圳市委的该项条例还特别要求各级党委定期召开民主生活会，通过发扬批评与自我批评的优良传统作风来实现党内监督。没有压力就没有动力，没有责任就没有落实。通过建立责任制和考核方式来加强党风廉政建设是实现党内监督的一种基本途径。1986年召开全市纪检工作会议，明确提出全市县级以上单位领导班子必须尽快建立和实行抓党风责任制的建议，后正式出台了《中共深圳市委关于建立和实行全党抓党风责任制的决定》，要求各级领导干部必须以身作则，从自己做起，争做党风廉政的楷模，把端正党风作为一件重要的政治任务来抓，要实现一级抓一级，层层传递党风责任的压力。后来，通过试点，该制度在实践中不断得到完善，成为党内监督的重要组成部分。1987年，在深圳市委的领导下，以改革创新精神建立了监督部门联席会议制度，该联席会议由市纪委牵头组织，包括市检察院、法院、公安局、海关、市人事局、劳动局、审计局、财政局、税务局等16家单位的主要负责人组成，每季度召开一次会议，对全市党风廉政建设和干部队伍建设中存在的重大问题进行研判。1988年，市委批转了市纪委《关于加强对我市党员领导干部实行党风监督的意见》，该意见聚焦手中拥有权力的领导干部，再次重申党纪面前人人平等，没有特殊党员的精神，对纪检部门在党内监督中的作用发挥做出了相关部署，对当时的党风廉政建设起到了重要作用。

此外，还通过制度建设加强了人大、政协以及工青妇群团组织的监督作用，建立起了内外结合、上下联动的监督机制。

小　　结

从1978年到1992年，是特区党建事业的起步和初步发展的时期，全市基层党组织从700多个发展到5500多个，党员从14000多人增加到72000多人。特区成立之初的党建成就不仅仅是数字和覆盖方面的，更是制度建设和作用发挥方面的成就。

特区成立之初的党建事业探索出了在经济特区做好党建工作的历史经

验，为未来的党建事业奠定了坚实的基础。这些经验主要是：始终注重坚持党对特区各项事业的领导，坚决维护中央权威和集中统一领导；始终注重思想建设，以党建引领经济社会各项事业健康发展；始终注重党的组织建设，特别是基层党组织建设，夯实党建工作的"地基"；始终注重作风建设，坚持走群众路线，以卓越的群众工作增强党组织的凝聚力；始终注重党风廉政建设，维护党纪国法的严肃性，确保党员干部保持敬畏之心；始终注重以改革创新精神做好党的建设，通过体制机制和工作方法的创新，确保党建工作与时俱进，一切从实际出发。各级党组织在特区事业中切实发挥了领导核心和战斗堡垒作用，广大党员充分发挥了先锋模范作用，以党的建设带动了特区经济社会的迅速发展。

第二章　乘风破浪，砥砺前行
（1992—2002）

　　1992 年到 2002 年的十年，是深圳作为改革开放前沿阵地踏实创新的十年。以邓小平南方谈话为代表的发展构想在这十年中逐步落实到深圳的发展实践中，在经济飞速发展的带动下，深圳实现了全方位、系统化的质的飞跃。中国共产党的正确领导是实现这一飞跃的根本保证。

　　经过了前十年的探索，20 世纪 90 年代的深圳迫切希冀制度化、模式化的发展。1992 年党的十四大召开，认真总结了十一届三中全会以来 14 年的实践经验，确立了今后一个时期内的战略部署，即动员全党同志和全国各族人民，进一步解放思想，把握有利时机，加快改革开放和现代化建设的步伐。十四大的召开为深圳坚持改革开放、锐意创新并积极探索新道路奠定了基础。在经济高速发展的同时，深圳的党组织如何面对经济发展带来的新事物、新问题，如何强化党组织的领导作用，等等，这些问题摆在了这个年轻的城市面前。

第一节　加强主题教育和阵地建设

　　深圳经济特区作为改革开放的桥头堡，在对外开放经济领域的同时，西方资本主义特有的价值理念也如影随形，相继进入，与我们一直所坚持的共产主义信仰、社会主义信念构成重大冲突，加强党的领导首先要做的就是加强党的思想建设。

　　深圳各级党组织把加强党员理想信念和马克思主义基本理论教育及其

阵地建设作为党的思想建设的核心内容常抓不懈。结合特区 20 世纪 90 年代发展的中心任务，对党员干部进行了邓小平同志建设有中国特色社会主义理论教育。至 1995 年，深圳全市已经有了市、区正规党校 6 所和基层业余党校 114 所，1995 年前后共举办各类理论培训班 3000 多期，培训党员干部 30 多万人次，在《邓小平文选》第三卷的学习中，全市 96% 以上的局级党委领导干部的理论水平和政治修养得到了较大提高。

深圳市为了大力发展党员理想信念教育并建设其教育所需的党校系统，针对经济特区的特殊地位和当时的国内外条件，探索出一套新做法。

一　学习落实"南方谈话"精神

（一）强化思想教育与理论武装

1992 年 1 月中下旬，作为中国社会主义改革开放和现代化建设的总设计师的邓小平在广东省领导的陪同下再次亲临深圳，发表了极为重要的讲话。邓小平讲话的主要精神包括：特区姓"社"不姓"资"；要坚持"一个中心，两个基本点"；基本路线要管一百年，动摇不得；不坚持社会主义，不改革开放，不发展经济，不改善人民生活，只能是死路一条；要坚持社会主义道路，就要逐步实现共同富裕；社会主义的本质，是解放生产力，发展生产力；要坚持两手抓，一手抓改革开放，一手抓打击各种犯罪活动，这两只手都要硬；改革开放的胆子要大一些，敢于试验，看准了就大胆地试，大胆地闯，深圳的重要经验就是敢闯。邓小平在离开深圳前往珠海之时还不忘叮嘱深圳市负责的同志："你们要搞快一点！"

面对党和国家领导人如此殷切的期望，深圳市委、市政府一方面积极宣传邓小平的重要讲话，短时间内就出版了《一九九二年春邓小平与深圳》，较为完整地体现了邓小平同志南方谈话的主要内容。该书一出版就引起很大的反响，首印 10 万册旋即售罄，再印 20 万册也被订购一空，成为当年的畅销书。与此同时，市委还录制了《邓小平在深圳》的电视纪录片，电视纪录片反复在深圳电视台播出，产生很大反响，成为广大干部群众学习邓小平同志南方谈话的生动教材。

在深刻学习领会重要讲话精神的基础上，深圳党政干部改革决心更大，干劲更足，大胆推进管理体制变革，对财政体制、投资项目立项审批制度，以及在城市建设、城市管理、劳动人事管理和出国审批、文化卫生教育管理等方面进行全面的改革。

（二）搞好精神文明系统工程建设，促进特区社会全面进步

邓小平在两次视察深圳的重要谈话中，都强调经济发展的核心地位不影响深圳在精神文明建设工作上力争上游。深圳市严格贯彻邓小平南方谈话精神，始终坚持一手抓经济建设以丰富物质文明，一手抓思想道德建设以丰富精神文明。在 1991 年制定的《深圳市精神文明建设"八五"规划》的基础上，根据 1992 年邓小平南方谈话和党的十四大精神文明建设的基本精神，深圳对全市精神文明建设进行全面部署。1995 年，正式成立了深圳精神文明建设委员会，加强了对全市精神文明建设的规划、统筹、协调和指导工作。1996 年，深圳依据党的十四届六中全会精神，在结合深圳实际的基础上，又制定了《深圳市社会主义精神文明的"九五"规划》，将深圳精神文明建设的任务具体化为十项工程。几年下来，城市的卫生、教育、城市管理等焕然一新，党员和群众的精神风貌焕然一新。在"全国卫生城市""全国环境治理优秀城市""全国科教兴市先进城市"等荣誉面前，党员干部对中国特色社会主义的信念更加坚定。

（三）变革思想建设的方法路径，变灌输为疏导

面对党员群众逐步多样化的思想需求，深圳积极变革思想建设的路径和有效方法。一方面，打造形式多样的宣传思想阵地。阵地建设是思想理论学习的重要载体。为了强化思想理论学习效果，深圳市着力于阵地建设。以深圳市较为偏远的龙岗区为例，其在 1997 年就出台了在全区各镇开设图书馆、文体活动中心、公园、新华书店等"五个一"工程建设的政策措施。各镇在交通最方便、人气最为集中、风景最为优美的地方建设"五个一"工程。文艺演出、交谊晚会、电影晚会等活动，丰富了群众业余文化生活。全国第二届舞龙比赛、国际舞狮邀请赛、中国客家文化节等文体活动逐次开展，加深了群众对传统文化的认同。另一方面，充分发挥思想教育和法治的各自功能，一手抓法治、一手抓思想教育，对党员群众的思想予以引导和规约。坚持"两手都要硬"，在正面的思想政治教育和价值导向的问题上不妥协，在法治对错误思想的强约束上不放松，保证了改革开放始终沿着中国特色社会主义的道路稳步前进。

二　有效开展"三讲"教育

(一)"三讲"教育的发起与省委的指导

1995 年，江泽民在北京市视察工作时鲜明地提出，领导干部一定要讲学习、讲政治、讲正气。党的十四届六中全会对"三讲"的现实和深远意义给予了高度评价。1997 年中国共产党第十五次全国代表大会决定在县级以上领导干部中进行以"三讲"为主要内容的党性党风教育。1998 年 6 月，中共中央发出在全党深入学习邓小平理论的通知，再次对开展"三讲"教育提出明确要求，并强调学习的主要任务之一就是深入学习邓小平理论。① 1998 年 11 月 21 日，中共中央发出《关于在县级以上党领导班子、领导干部中深入开展"讲学习、讲政治、讲正气"为主要内容的党性党风教育的意见》。从 1998 年 11 月开始，全党县级以上党政领导班子、领导干部集中时间，分期分批开展以讲学习、讲政治、讲正气为主要内容的党性党风教育。全党共有 70 多万党政领导干部参加了"三讲"教育，其中省部级领导班子成员 2100 多人。② "三讲"教育对于世纪之交统一党的思想，积极为社会主义事业奋斗有着重大的意义，也是 20 世纪 90 年代末党的思想建设的核心内容。

中共广东省委高度重视"三讲"教育的工作，在教育当中有针对性地解决领导班子和领导干部在党性党风方面存在的突出问题，以此确保"三讲"教育质量，防止走过场。

1999 年 4 月 29 日，广东省委召开省级领导班子"三讲"教育动员大会，中共中央政治局委员、广东省委书记李长春要求各级干部要充分认识开展"三讲"教育的必要性和重要性。李长春提出要从五个方面查找突出问题。一是从群众意见比较集中、反映强烈的问题中梳理班子或个人存在的突出问题。二是从领导班子存在的突出问题中反思个人的问题。三是从工作的实际情况中找重点问题。四是要从发生的重大案件和事件中总结经

---

① 马利、单向前：《迎接新世纪的伟大工程——"三讲"教育的回顾与思想》，《人民日报》2000 年 12 月 18 日第 1 版。

② 《进入社会主义改革开放和现代化建设新阶段》，2011 年 4 月 12 日，中国网（www. china. com. cn/cpc/2011 – 04/12/content_22341378. htm）。

验教训，找领导班子和个人需要解决的重点问题。五是联系发生过的一些重大问题，从中查找重点。

2000 年 1 月 24 日，广东省专门召开"三讲"教育暨组织工作会议。时任中共中央政治局委员、广东省委书记李长春强调一年来的"三讲"教育从宏观上保证了广东经济的快速发展。李长春说，在新的形势下如何提高我们党的执政水平，提高自我消化和解决问题的能力；如何形成共同理想、信念、培养道德观念，遏制腐败；如何驾驭好国际形势，为我国的社会主义现代化建设创造良好的国际环境和发展空间；如何在改革开放和发展社会主义市场经济的条件下，防止消极腐败的东西侵入我们党的集体，这是我们在新的历史时期需要解决的重大历史课题。解决这些问题的关键在于建设好我们的党。时任广东省委副书记刘凤仪指出，对于"三讲"教育取得的成绩，不能过高估计。要看到，领导班子、领导干部的党性党风教育是一项长期的任务，我们开展"三讲"教育的成果也好有待于今后实践的检验，特别是与中央要求相比，与全省广大干部群众的期望相比，仍然存在较大的差距。

在党中央和广东省委的发起和统筹规划之下，深圳结合"三讲"教育，逐步探索解决深圳发展面临的现实问题。

（二）"三讲"教育的开展

自 1998 年底中央开展"三讲"教育以来，深圳市总结发展所面临的特殊情况，综合城市建设目标，针对各种突出问题狠抓落实整改。深圳市各级领导根据"三讲"教育中广大干部的意见和建议，深入基层解决实际问题，努力为群众办实事，办好事，受到了广大人民群众的好评。

深圳市在"三讲"教育过程中，注意倾听群众呼声，着力解决热点难点问题。在扶贫和社会治安这两项热点问题上，做出了让广大人民群众信服的成绩。其中，龙岗区委积极召开"三讲"教育动员大会，有关领导深入坪山镇召开扶贫小康工程项目有关问题现场办公会，协调解决了坪山、龙岗、坑梓三镇有关扶贫奔小康工程项目报建、立项问题，并安排区属 62 个单位和 320 名副处以上干部挂钩扶持欠发达村和贫困户，受到基层干部群众的广泛好评。同时，龙岗的领导干部还通过设身处地的调研与谈话，排查出了各镇存在的突出治安问题，从而确定了重点整治区域和整治问题。宝安区在"三讲"教育中，针对问题边讲边改，提高效率，针对群众提出的民主集中制不健全的问题，区领导进一步采取措施完善民主议事、民主生活会、干部谈话、重大问题请示报告制度。在区二届三次全会上通过了区委常委会议议事规则。其中强调区内重大决策，由区内几套班子主要领导集体调研，广泛征求各方意见后才能拍板。群众反映人事制度方面存在的问题，区里加大改革力度，对处级干部的提拔使用实行"公示制"，全区科级干部全部进行竞争上岗。

深圳在"三讲"教育过程中，将"三讲"教育与整顿机关作风紧密结合起来，以"三讲"教育推动整个机关的作风建设。2000 年在深圳全市党政机关和有关事业单位中开展"创建文明机关"活动，使得机关作风明显改善，公务员队伍素质极大提高，政府职能的转变拥有了较好的基础。

开展"三讲"教育是党中央以极其严肃和慎重的态度推行的自我思想教育活动，是世纪之交新形势下加强党的建设的创造性探索。深圳的"三讲"教育使党员干部俯下身来，聚焦群众反映强烈问题，深入实际调研，不断改进工作方式方法。"三讲"教育对于深圳党员干部来说，无疑是一剂"清醒剂"，在教育活动中，党员干部的群众观念和实事求是观念进一步确立，形象工程、面子工程问题得到了重视并逐步得以解决。在"三讲"教育顺利开展的背景下，深圳经济快速发展的势头得到了保持。以宝安区为例，积极开展"三讲"教育的 2000 年上半年，宝安区实现国内生产总值 107.8 亿元，比上年同期增长 14.7%。

三　办好特区党校，做好阵地建设

中国共产党党校是在党委直接领导下培养党员领导干部和理论干部的学校，是培训轮训党员领导干部的主渠道，是党开展思想建设、加强党员干部党性修养的重要途径。

（一）坚持党校工作的指导思想

1995 年，《中国共产党党校工作暂行条例》颁布，为深圳党校建设提供了指针。在贯彻落实该条例的过程中，深圳党校作为党员干部培训主阵地的地位更加明确。深圳党校工作的指导思想是：着力于提高党员干部队伍的理论素养和业务素质，把党校办成特区轮训、培训干部的基地；围绕教学需要和特区建设实践中的新情况新问题，开展科研工作，把党校办成学习、宣传马克思主义理论的阵地；根据特区对干部提出要有特别高的觉悟、特别严的纪律、特别好的作风、特别高的工作效率的要求，加强党性锻炼，坚定社会主义信念，使经过党校培训的学员，能够成为建设特区的坚强骨干。

历经 80 年代改革开放初期的发展，时至 90 年代，对深圳党校学员的跟踪调查显示，学员大多数成为特区建设事业的中坚。经过培训，在运用马克思主义立场、方法、观点的能力上和结合深圳实际工作的能力上都有了很大的提高。

（二）结合深圳实际，推进党校工作

"党校姓党"的根本性质，决定在党校的教学中，马克思主义理论和党的路线方针政策教育，必须作为主课。这一点必须坚定不移。在坚定主课教育的同时，为了满足深圳党员干部处理改革开放一线复杂问题的能力需要，深圳党校结合特区工作任务的实际，适当增加了领导科学、行政管理、特区法规、文化修养等课程，为此，在突出党校理论教学的同时，积极推进行政学院的发展，1992 年又成立了社会主义学院。

（三）加强党校教职工队伍建设，提高党校社会效益

加强教职工队伍建设是提高教学质量和管理水平，完成培训、轮训干部任务的重要保证。首先，认真学习政治理论和党的基本路线，坚持改革开放，反对僵化封闭思想，坚持四项基本原则，反对资产阶级自由化，确保思想上行动上同党中央保持一致。其次，开展经常性思想政治工作，教育职工坚持为人民服务、为教学科研服务，在本职工作上做贡献，忠诚于党的干部教育事业，齐心协力办好党校。最后，采取一系列措施提高教职员工的业务水平，选调中青年教师到省、中央党校进修，支持教师参加各专业的学术活动，建立联系点让教研人员进行社会调查，组织干部、教师到兄弟党校学习。

为了保证深圳党校的健康运行，深圳党校先后制定了《校领导班子廉政守则》《教师教学科研工作量暨奖罚规定》《深圳市委党校干部职工岗位责任制》《深圳市委党校学员守则》等各种规章制度 30 多项，一一付诸

实施之后，理顺了校内各种关系，也创造了良好的工作氛围，调动了教与学两方面的积极性。

综上所述，在深圳 90 年代各项工作逐步走向制度化的过程中，党的思想建设始终走在了最前列。通过持续有效的思想建设，深圳党员干部坚定了党的宗旨和中国特色社会主义信念，以饱满的热情和务实的态度全面推动了深圳各方面工作。

第二节　积极推进党的组织建设的全覆盖

经济快速发展的同时，社会的组织形态也随之发生深刻的变化。如作为市场经济的主体，企业构成发生很大变化，20 世纪 90 年代前后大量涌现的外资企业、股份制企业、私营企业等，它们逐渐成为深圳经济发展的重要支撑力量。如作为管理居民日常生活的基层组织，乡村和城市社区也发生了很大的变化，即使是党政事业单位内部，也因市场经济的深入发展，在组织形式方面发生了一定的变化。相比同时期全国其他地区，走在改革时代前沿的深圳面临的内部压力和外部挑战是前所未有的。如何才能保持党对各类组织的引领作用？这已经成为党的组织建设迫在眉睫的重大问题。

面对社会组织形态的深刻变化，1990 年，时任中共中央总书记的江泽民视察深圳时就提出："深圳是社会主义中国的前哨，要注重精神文明建设……特区的共产党员更应当是特殊材料制成的，既要善于同外商合作共事，又要有坚定的共产主义信念，坚持社会主义方向。"① 在江泽民的鼓舞下，党内外原有对非公有制企业要不要建立党组织的疑虑彻底打消，深圳市本着坚决的态度，于 1991 年 9 月，通过了《中共深圳市委关于加强党的建设的意见》，对改革初期的党建经验进行充分总结，并指出："越是改革开放越要加强党的建设，把党组织建设成为领导深圳

---

① 王荣山、吴伟：《中共中央总书记江泽民考察深圳经济特区》，《深圳特区报》1990 年 6 月 30 日。

社会主义现代化建设的坚强核心和反和平演变的坚强堡垒。"①

这以后，深圳又陆续出台了一系列指导意见和规定，成为深圳 90 年代面对新形势进行党组织建设的重要保障。

一　非公企业党组织建设

1994 年，中共中央颁布了《中共中央关于加强党的建设几个重大问题的决定》，这是最早提出在非公企业中开展党组织建设的党内文件，对于 20 世纪 90 年代非公有制企业林立的深圳来说具有重大的指导作用。越是改革开放越要加强党的建设成为当时流行的话语。深圳根据中央的精神，立足自身实际，在非公企业中大力开展党建工作的探索。

（一）大力推进民营企业党组织建设

深圳作为经济特区，在经济发展层面上的重要推动力就是民营企业的高速发展。鼓励民营企业的发展，是中央搞活经济、提高效率的重要方式。深圳民营企业的成功事迹树立了改革开放的典范。民营企业具有诸如感知市场信息敏感等特点，在商品经济的环境下起着重要作用，但在改革开放起步阶段也存在着规范性差、投机情况严重等缺点。因此，如何规范民营企业的发展，使之融入社会主义市场经济体系，成为深圳发展的重中之重。从深圳的角度来说，改革开放是中共中央的战略性决策，正是有了这个前提，深圳的一切新因素才有了发展的可能，所以面对像规范民营企业这样的问题，引入中国共产党的领导是最好的解决办法。

但总体来讲，90 年代初深圳民营企业党的建设并没有受到过多的重视。截至 1995 年 6 月，深圳私营企业累计达到 13863 家，占全市企业总数的四分之一；从业人员 18 万多人，其中投资者 36544 人；注册资金 143.8 亿元，其中注册资金 100 万元以上的有 3389 家。但与外资企业相比，私营企业党的建设在一段时间内未得到足够的重视，私营企业成为党

---

① 《中共深圳市委关于加强党的建设的意见》（1991 年 9 月 21 日中共深圳市委一届二次全体（扩大）会议审议通过），《特区党的生活》1991 年第 11 期。

的基层组织建设中最为薄弱的部分。① 1995 年，深圳过万家私营企业中，只有 17 个基层党组织，其规模几乎可以忽略不计，而 18 万从业人员中，党员数量约 1000 人，占员工总数的比例不到百分之一。时至 1998 年，深圳 3 万余家私营企业中，只有 45 个基层党组织，组建率刚刚超过千分之一，而业已超过 30 万的从业人员中纳入党组织管理的党员仅为 2000 余人。不得不说，民营经济是深圳发展迅速的重要原因，也是搞活经济的活力之所在，在如此重要的领域内，党的建设却过于落后，深圳民营经济中大规模开展党建工作迫在眉睫。

深圳市委、市政府对此给予了高度重视，经过充分调研，深圳市委注意到，较之于外资企业，私营企业接转党员组织关系的难度更大，如 1995 年深圳市私营企业员工中仅有的千余名党员，正式转来组织关系的仅有 236 人。造成这种状况的主要原因在于：一是有些党员认为接转关系手续烦琐，为了方便工作的流动，所以并不想将党组织关系转到所在的企业；二是少数流动党员党性观念相对淡薄，只交纳党费却不愿意过组织生活，其担心关系受到约束，甘愿成为"两头不管"党员；三是一些地方和单位的负责人人才观念陈旧，即使深圳地方党组织出具证明也不愿意为长期在深圳从业的党员办理转移组织关系的手续。此外还有种种复杂情况：原单位党组织坚决不让转，员工怕暴露党员身份会砸了饭碗，等等。②

1995 年 4 月 10 日，深圳在全国率先成立了市总商会民营企业党委，统一管理全市外商投资企业和私营企业党组织和党员。1996 年 6 月成立了个体工商户党组织统管党委——市个体劳动者协会党委，统一管理特区范围内个体工商户党组织和党员，初步形成了以归口分级管理为主的组织管理体系：特区范围内的私营企业和外商独资企业形成了"深圳市总商会民营企业党委—各区商会民营企业党总支—私营企业、外商独资企业党组织"的基本框架；特区范围内的个体经济组织形成了"深圳市个体劳动者

① 张严：《"重建厂，轻建党"问题不容忽视——关于加强个体、私营等非公有制经济组织党建工作的调查》，《人民日报》2000 年 9 月 12 日第 11 版。
② 吕锐锋等：《深圳市私营企业党的建设问题与对策》，《特区理论与实践》1995 年第 12 期。

协会党委—区个协党总支—个协基层分会党支部"的基本架构，从而基本实现了非公有制经济党组织和党员的统一归口管理。①

1997 年 4 月，深圳市委组织部通过的《关于加强私营企业、个体工商户党组织和党员管理的意见》明确规定，要建立健全党的组织，理顺管理关系。凡是有正式党员 3 人以上的私营企业都应成立党的基层组织。

在特区范围内，属市总商会会员的私营企业党支部及不具备单独建立党支部条件的私营企业的零星党员，党的组织关系隶属市总商会党组织管理。在特区范围内兴办的民间科技企业的党支部及不具备单独建立党支部条件的民间科技企业的零星党员，党的组织关系隶属市科技局科技创业服务中心党组织管理。行政人事关系挂靠在市人才交流中心，在私营企业工作的党员，党的组织关系隶属该中心党组织管理。其他私营企业党支部及不具备单独建立党支部条件的私营企业中分散的党员，属地镇、街道办事处或所在工业开发区党委统一管理。个体工商户党员，根据具体情况，可由市、区个体劳动者协会及各分会建立党组织统一管理。②

1998 年 7 月，深圳市总商会民营企业首次党代会召开，会议通过了《民营企业党组织工作的暂行条例》。深圳市非公有制经济组织党建开始由"地区性零散的自发实践"转向"统一指导下的整体推进"。

截至 2000 年底，深圳注册的私营企业 4.3 万户，个体工商户 15.9 万户。其中，私营企业数量占深圳各类企业总数的43%，经济总量约占全市的三分之一。2001 年，全市成立私营企业党组织443 个，个体工商户党组织 34 个，纳入管理的党员有 1.8 万人，占全市党员总数的 12.9%。民营科技企业技术人员、外资企业管理技术人员、个体户、中介组织从业人员

①　中共深圳市委组织部课题组：《非公有制经济组织党建工作要有新思路》，《特区理论与实践》2001 年第 7 期；陈威、郑秀玉：《非公有制经济组织党建工作的实践与思考》，《学术研究》2001 年第 6 期。

②　《关于加强私营企业、个体工商户党组织和党员管理的意见》，载廖军文主编《走有中国特色的社会主义民营经济发展道路：深圳 1979—1999》，海天出版社 2000 年版，第 127—128 页。

等新的社会阶层中共发展了 98 名党员。①

时至 2000 年，中共中央出台《关于在个体和私营等非公有制经济组织中开展党的建设工作的意见（试行）》，私营企业党建工作在全国范围内有了遵循的指导原则。深圳在探索私营企业党建工作的道路上走在全国最前列，为中央出台非公党建的意见提供了重要的实践经验，具有重要的意义。深圳在全国第一个成立了市级民企统管党委，这为非公有制企业进行党建工作提供了非常有益的探索。深圳民企党委成立时，中央统战部、全国工商联等领导到会祝贺，带来了非常大的示范效应，全国各地前来学习者众多。

（二）积极推进外资企业党组织建设

引进外资是深圳发展的重要推动因素。外资企业虽然资本大部为外方所有，但所雇用的人员几乎都是本地人，所以，必须重视外资企业的党组织建设。但由于外资企业的相对独特性，党的组织建设必须对进入外资企业的形式和工作方法进行探索，明晰党组织在外资企业中的具体工作目标和工作方式。

1992 年，深圳市委先后下发了《关于加强外商投资企业党建工作的意见》《深圳市中外合资企业党组织工作暂行规定》《深圳市外商独资企业党组织工作暂行规定》《关于加强外商投资企业中中方高层管理人员选派管理工作的意见》等文件，对三资企业党组织的地位、作用、职能、任务以及工作方法、活动方式等提出系统的要求，并且按照"产权管理""归口管理""属地管理"和"指定管理"等办法理顺党组织的管理关系。全市的三资企业党建工作逐步制度化、规范化。

在具体做法上，深圳选派政治素质高、业务能力强、善于同外商打交道的党员干部到合资企业中担任中方经理、专职董事、工会主席，同时兼任组织的负责人。全市的三资企业党建工作逐步制度化、规范化。深圳外资企业党的建设工作成果颇丰。据市委组织部相关材料，截至 1992 年，深圳市共选派 2400 多名党员干部到外资企业工作，9306 名党员分布在 2742

---

① 中共深圳市委组织部、中共深圳市委党校：《非公有制经济组织党建工作的创新实践》，《求是》2001 年第 4 期。

个外企当中，占中方职工总数的 3.1%。834 个外企建立了党组织，占党员企业数的 55.9%。其中包括 17 个党委，23 个总支，794 个支部；另有 196 家企业建立了党小组，461 家企业的零星党员归口或挂靠有关部门单位党组织管理。① 与此同时，全市有党员的 1257 家外商投资企业，已有 541 家成立了党组织，占 43%；另有 153 家建立党小组，563 家的零散党员归口或挂靠有关单位管理。全市外商投资企业中新发展的党员达到了 1350 名。②

外资企业是改革开放潮流下的"新鲜事物"，对它的认识往往会走向两个极端。一方面，外资企业通过先进的技术和雄厚的资本可以极大地刺激国内经济的发展。另一方面，国内原有的经济体制缺乏对外资企业的监控体系。这种情况下，深圳首创将党组织引入外资企业的做法不但一定程度上加强了对外资企业的管理，且从党建的角度讲也迈入了新的领域，有着极大的拓荒意义。

（三）总结非公企业党建的经验

针对私营企业，首先是在党组织管理和党员管理的方式上，采用单位管理、联合管理、挂靠管理和社区管理。凡符合组建党组织条件的"两新"组织，都单独组建党组织，实行单位管理；对不足 3 名党员的组织，按照属地就近或业务相近的原则，联合组建党组织；在市、区人事（劳动）服务机构成立党组织，对人事档案在这些机构挂靠的党员实行挂靠管理；在街道和工业区、商业区、住宅区建立流动党员党组织，对分散流动的党员实行社区管理。③ 其次，在党员管理上，建立"党务管理信息系统"、开设专门的"党建网站"等平台，能够加强私营企业中联系较为松散的党员群体的联系，积极开展党内活动。再次，党员活动的方式，以不影响私营企业生产经营为第一原则。各个基层党组织从实际出发，围绕生产经营目标，采取开短会、个别谈心等方式，扩大党建工作的基础，拓展

---

① 李统书：《总结经验　探索新路　推动我市外商投资企业党建工作迈上新台阶》，载中共深圳市委组织部编《深圳外商投资企业党建工作的新探索》，1993 年，第 13—14 页。

② 中共深圳市委组织部编：《充分发挥外商投资企业党组织的作用》，《党建研究》1993 年第 2 期。

③ 中共深圳市委组织部、中共深圳市委党校：《非公有制经济组织党建工作的创新实践》，《求是》2001 年第 4 期。

党建工作的范围，争取党建工作和生产经营两不相误。复次，党组织工作的核心应当是沟通政府与企业的关系、协调劳资双方的关系、密切党组织与群众的关系，最终促进民营企业的发展。在工作中党建工作不能与企业生产经营发生冲突，不能影响企业的运作和决策，不干预企业的管理，不泄露企业的商业秘密。① 最后，党员教育上实行分类施教，突出针对性和时效性。对业主党员，教育和引导他们带头合法经营，热心公益事业，处理好劳资关系；对于管理层党员，要求他们加强同业主的联系和沟通，积极反映民意，并注意在保证监督方面发挥作用；对一般员工党员，则教育他们通过做好本职工作和不断提高自身素质，在各自岗位上发挥先锋模范作用，团结和带领广大员工为搞好生产经营、发展社会主义市场经济做贡献。②

针对外资企业，首先坚持精简、高效、兼职的原则配备中外合资企业党的干部。其中党建工作主要依靠外资企业的工会或人事部，企业中党组织的负责人由中方经理兼任书记或工会主席兼任。在外商理解党建工作的前提下，可设立专职党建工作机构并配备专职党务干部。再者坚持小型、业余、分散、时效的原则开展党的工作。党组织的活动一般每月一次，在坚持"三会一课"制度的基础之上，辅以专题讨论、党内民主生活对话、党员恳谈会、民主评议党员等形式，做到党员教育寓于生产经营活动之中，寓于严格管理之中。然后，按照"内外有别"原则改进党组织的工作方法。尊重董事会领导下的经理负责制，党组织主要通过在各个岗位上的党员发挥先锋模范作用，通过进入决策和管理层的中方党员的行政领导发挥作用，通过工会组织在劳资双方发生矛盾和纠纷时发挥维护职工合法权益的作用。最后，按照分类原则确定不同类型外资党组织的作用。在中外合资合作由中方单独承包或中方经营为主的企业，党组织应发挥政治核心作用，领导思想政治工作和精神文明建设，坚持党管干部的原则，参与讨论和决定企业的重大问题，建立党的工作机构和工作运行机制。在外商独

---

① 李南玲、米鹏民：《深圳：书写"两新"组织党建"大文章"》，《深圳商报》2006 年 11 月 27 日第 A01 版。
② 吕锐锋等：《深圳市私营企业党的建设问题与对策》，《特区理论与实践》1995 年第 12 期。

资和中外合资由外方单独承包管理的企业，由于外商在生产经营中处于主导地位，党组织的主要任务是通过加强自身建设，发挥党员的先锋模范作用，促进企业经济效益的提高。①

对于不同类型外资企业开展党建工作所面临的不同情况，深圳市还着力探索了不同的党建活动方式。首先，独资企业的党建工作，可以通过党员及工会来发挥。通过在企业中担任领导职务的优秀党员发挥对企业的影响；通过工会的桥梁纽带，关心员工的疾苦和合法权益。其次，中外合资、合作企业的党建工作可以采取三条路径：一是通过担任董事或经理的党组织负责人发挥作用，中外合资、合作企业的党组织负责人作为中方代表担任了企业的董事或者经理，他们大都在参加董事会讨论决定重大问题之前先召开党组织会议，在形成决议之后由党组织负责人以董事个人的名义带到董事会中，从而保证了党和国家的方针政策和有关法规在企业中的贯彻执行。二是通过企业中的党员骨干发挥作用，让这些优秀党员在各自岗位上发挥先锋模范作用，赢得外方管理层的信任和支持。三是党建带工建开展工作，合资企业的党支书兼任工会领导，党组织的活动以工会名义开展，调节员工与企业的关系。②

深圳重视私营和外资企业中的党建工作，客观地分析了企业的类型和党建工作在新形势下的工作目标，对党组织在企业内的工作提出了富有建设性的意见和指导。由此，党的领导在私营和外资企业这一改革开放后出现的新事物上得到了创新性的加强。

二　强化城市社区基层党组织建设

（一）流动党员管理

深圳作为改革开放后兴起的移民城市，流动人口较多，人口结构复杂。截至1997年底，深圳常住人口有380万，其中户籍人口110万，占总

---

① 中共深圳市委组织部编：《充分发挥外商投资企业党组织的作用》，《党建研究》1993年第2期。

② 中共深圳市委组织部联合课题组编：《立足促进　加强监督——谈外商投资企业党组织的作用》，载中共中央组织部、中共中央政策研究室、中共中央宣传部编《全国党建理论讨论会论文选》下册，改革出版社1991年版，第750—759页。

数的 29%；暂住人口 270 万，占总数的 71%。另外还有相当一部分没有办理暂住户口的临时务工人员，但是纳入各级党组织管理的外来流动党员仅有 13600 多名，占全市党员总数的 11.3%。①

深圳自 20 世纪 80 年代开始就着手加强流动党员管理工作。进入 90 年代，经济的繁荣带来流动人口的增多，流动党员的数目也大为增加。1994 年 9 月，深圳市下发了《关于加强流动党员管理的意见》，根据流动党员的不同特点实行分类指导，在流动党员相对集中的行业、机构和单位逐级建立党的组织，逐步形成了一个比较系统的流动党员管理网络。主要包括：建立"驻深工委—驻深统管单位党委—驻深单位基层党组织"三级管理网络，变分散管理为归口管理，把驻深单位流动党员纳入党组织的有效管理；在具备条件的外商投资企业中建立党组织，管理本企业的流动党员，并根据产权关系隶属中方上级单位党组织领导；成立市总商会民营企业党委和市个体劳动者协会党委，统一管理全市私营企业和个体经济组织中的党组织和党员；在律师协会、会计师协会等社团组织建立党组织，对本行业的党组织和党员进行管理；在劳动人事服务中心等人才代理机构成立党组织，对有人事档案挂靠关系的流动党员实施挂靠管理；按照属地管理原则将一部分流动党员挂靠镇、村和街道、居委会党组织进行管理等。②

1997 年，深圳市委组织部在宝安区新安街道开展以社区为单位建立流动党员党组织试点工作，并逐步推动流动党员相对集中的工业区、住宅区、商业区以及村镇、街道五种基本社区单位单独建立党组织。

一是单位管理。凡有三名以上正式党员、生产经营稳定、有合适支部书记人选的外商独资企业、私营企业、民办学校等"两新"组织应建立党组织，针对本单位流动党员进行管理。二是行业管理。凡是会员有三名以上正式党员的个体劳动者协会基层分会都要建立党组织，对个体工商户中的流动党员进行归口管理。三是挂靠管理。在市人才交流服务中心、市劳动职业介绍中心等建立党组织，对有档案挂靠关系但尚未落实工作单位或

---

① 深圳市委组织部课题组编：《流动党员社区管理问题探索》，《特区理论与实践》1999 年第 7 期。

② 同上。

本单位没有党组织的流动党员进行统一管理。四是社区管理。凡流动党员集中的工业区、住宅区、商业区及村镇、街道，建立流动党员社区党组织，对辖区内因为所在单位没有党组织，或其他原因处于流动状态的党员进行统一管理。五是双重管理。对比较集中的务工人员流出地，积极与流出地深圳办事处、劳动管理服务站或者商会联系，组建流动党组织进行管理。

1998年，深圳市印发了《关于全面推动流动党员社区管理的通知》，2002年又制定下发了《深圳市流动党员社区党组织工作暂行规定》，要求每个街道至少成立1个流动党员社区党组织，规模较大、流动党员相对较多的村、社区以及工业区、商业区、住宅区也要成立党组织。流动党员社区党组织接受街道党工委的领导和所在社区党组织的指导，负责管理辖区内的流动党员。将党组织"属地管理"原则具体化、明确化，以流动党员相对集中的镇（街道）、村（居委会）以及工业区、住宅区、商业区等为基本单位建立党组织，对流动党员实行统一管理。2000年底，深圳市共建立流动党员社区党组织123个。在全市45个镇、街道中，有42个镇、街道建立了社区党组织，覆盖面达93%。[①]

（二）社区党组织的建设

相对而言，深圳社区党组织发展较早。1992年6月18日，深圳市出台的《关于深圳经济特区农村城市化的暂行规定》明确提出，各居委会和集体经济组织应根据实际情况，单独或联合建立党的基层组织，加强基层党组织的建设。居委会和集体企业的党组织，均接受街道办事处党委领导，保证党的各项方针政策在基层的贯彻落实。

此规定要求将特区内的68个村委会和沙河农场调整为居委会的同时，也提出各居委会和集体经济组织要根据实际情况，单独或联合建立党组织，加强基层党组织的建设。在居委会工作的党员、从事个体和私营企业经营的党员和待业、退休的党员等，由居委会的党组织领导；在集体企业工作的党员，由企业党组织领导；在社会上其他单位工作的党员，由所在单位党组织领导。居委会和集体企业的党组织，均接受街道办事处党委领

---

① 陈威、郑秀玉：《非公有制经济组织党建工作的实践与思考》，《学术研究》2001年第6期。

导。随后,深圳市开始着手居委会党组织的组建工作。截至 2001 年,深圳经济特区内共设立 24 个街道办事处,379 个居委会,但是居委会党支部只有 110 多个,约三分之一居委会建立了党支部,三分之一无党员。①

从 2002 年开始,伴随深圳市城市社区建设的步伐,居委会向社区居委会的过渡,基层党组织设置也发生了重要转变。深圳将街道党委向党工委、居委会党支部向社区党支部转制,并要求在党员 50 人以上的社区设立党总支,党员 100 人以上的设立党委。

经过十年的建设,深圳辖区内基层党组织基本成为一个紧密的有机整体,逐渐形成了功能齐全的网络。

(三) 城市社区选举的发展

改革开放之后,深圳基层的选举大多采取政府推选候选人、限定候选人名单,再由居民代表和户主代表投票的间接选举方式。

1995 年 6 月,深圳市南山区沙河街道办事处中新街居委会成为深圳市第一个以直选形式选举产生的居委会。1996 年 1 月,全市 302 个居委会的领导班子间接选举产生,2002 年"居改社"之后进行的第三届居委会换届选举直选率仅为 1.7%。②

社区居委会是介于居民与政府之间的基层群众性自治组,是社区居民自我管理、自我教育、自我服务的机构。"在新的社会背景下,中国社区治理结构开始发生变化,深圳政府有关部门主动因势利导,真正将居委会转变为居民自治组织,让城市社区居民在民主实践中学习和养成民主政治的习惯,使居民自治的实践成为中国基层民主政治社会化的重要环节。"③

三 探索特区外农村基层党组织的建设与基层民主的实现形式

相伴于改革开放之后深圳城市面貌翻天覆地的变化,深圳农村也在经济取得可喜成果的基础之上,逐渐重视基层民主建设,且村委会的直选工

---

① 陈方:《深圳城市社区建设几个问题的探讨》,《特区经济》2001 年第 6 期。

② 刘润华主编:《民政 30 年·深圳卷 (1978 年—2008 年)》,中国社会出版社 2008 年版,第 31 页。

③ 《二十五年话深圳:中国社区民主直选 深圳开先河》,2005 年 8 月 19 日,中国新闻网 (http://news. QQ. com)。

作较城市居委会的直选发展更快。

　　深圳农村基层组织的调整自 20 世纪 80 年代中期开始，到 90 年代初，深圳城市化的步伐逐步加快。1991 年下半年，深圳市制定了《关于深圳经济特区农村城市化的暂行规定》，开始全面推进特区内的城市化进程。从 1992 年 7 月到 12 月，特区农村城市化得以完成。首先，基层组织由城乡并存的二元结构转变为一元结构，撤销了 68 个村委会，建立了 100 个城市居民委员会和 81 个城市集体经济组织，4.6 万农民一次性转变为城市居民，"农转非"户口达 13851 户。其次，对原农村集体资产进行改造，由农村集体企业改造成为股份制企业。经过改制，全市共成立农城化股份公司 68 家，企业公司 12 家。最后，改革原有的村一级党、政、企合一的管理体制，实现了政企分开。新成立的居委会都建立健全了党组织，集体企业都成立了工会、共青团、妇联等群众组织，基层党组织和群众组织得到了理顺和加强。①

　　需要注意的是，1992 年的深圳城市化主要是针对特区范围内，特区之外的宝安区和龙岗区仍然保留着农村基层组织结构。直到 2000 年，深圳仍有 211 个村委会，其中宝安区 125 个，龙岗区 86 个。村委会由主任、副主任和委员 3 到 7 人组成，下设青年、妇女、治保、民兵、人民调解、计划生育、工会 7 个委员会。村委会承担着生产经营、人口管理、计划生育、人民调解、社会治安、环境卫生、文明建设、优抚救济、扶残助弱、宣传教育等职责。②

　　（一）村委会直选的发展

　　深圳经济的快速发展，使特区内的农村基本实现了城市化，所以深圳经济特区的农村基层民主从地域上主要集中在特区以外的宝安区和龙岗区。90 年代是深圳农村基层民主发展的高潮。

　　1990 年深圳市开展第一届村委会选举，1993 年开展第二届村委会选举。第二届村委会选举中，宝安区沙井镇蚝二村实行"一张白纸选村干"，

①　方真、胡德、高同星：《中国经济特区大辞典》，人民出版社 1996 年版，第 137 页。
②　刘润华主编：《民政 30 年·深圳卷（1978 年—2008 年）》，中国社会出版社 2008 年版，第 29—30 页。

基层政府在村委会选举过程中"不定调子、不制框子、不搞暗示",不提候选人名单,候选人的提名与正式选举交由该村村民完成,这就是村委会"海选"的新尝试。这种"新尝试"的成果是巨大的,1995 年 11 月 22 日,深圳市宝安区被授予全国首批"全国村民自治模范区";宝安区龙华镇被授予"中国乡镇之星"。① 宝安区的先行做法探索了村委会的直接选举,在现实当中带动全市 214 个村随即全部开展直选工作。

1996 年和 2002 年,宝安区和龙岗区进行第三届和第四届村委会的选举工作,在第四届村委会选举工作中,宝安区和龙岗区 100% 采取直接选举的方式进行。两个区所辖 218 个村委会,选出 218 个村委会主任,938 个村委会副主任及委员。②

深圳农村基层民主的发展步伐一直走在全国的前列。1992 年原宝安县被国家民政部和广东省民政厅评定为"村民自治示范县",1995 年宝安区被民政部评定为"全国村民自治模范区",1999 年宝安、龙岗两区同时获得"全国村民自治模范区"光荣称号。

(二)村民自治的深化

1998 年 10 月,龙岗区在全区 10 个镇中各选一个村探索党支部的"两票制"选举。在部分试点成功后,1999 年深圳在全市农村党(总)支部换届选举中全面推行"两票制"。在村级民主成功试验的基础上,1999 年深圳又选择在龙岗区大鹏镇试行"三轮两票制"选举镇长试点。此次选举共经过了"公众性民意票""代表性民意票"和"法定性选举票"三次投票,全体乡民及乡民代表广泛参与候选人的初步推荐、预选和正式选举。③

所谓"两票制"选举,即民意推荐票和党员推荐票。"两票制"中的第一票是民意推荐票,即广泛发动党员群众参与村党支部候选人的民意测评和推荐。这一票要经过三个程序:首先由村民代表、党员和党支部推荐

---

① 深圳市史志办公室编:《中国共产党深圳历史大事记》,深圳报业集团出版社 2012 年版,第 235 页。

② 刘润华主编:《民政 30 年·深圳卷(1978 年—2008 年)》,中国社会出版社 2008 年版,第 29—30 页。

③ 陈家喜、黄卫平:《深圳经济特区政治发展的回顾与前瞻》,《岭南学刊》2010 年第 5 期,第 3 页。

产生党支部班子候选人初步人选；然后召开党员、村民大会，让候选人初步人选进行竞选演讲、答辩和在此基础上进行民意测评；最后组织党员、村民或村民代表按照不少于 20% 的差额原则，投票选出党支部书记、副书记和委员等正式候选人，报镇党委审批而告完成。这一票主要是测评初步人选在选民评价中的公认程度如何，是党委确定正式候选人的依据。第二票是产生村党支部领导班子成员的正式投票。这一票是按常规程序进行的，即召开党员大会，由党员从正式候选人中选举党支部委员，再由委员选举党支部书记、副书记。从"两票制"的选举结果来看，原来的村党支部书记继续被推荐确定为书记候选人的有 8 人，原来的村委会主任被推荐确定为书记候选人的有 7 人，其他人被推荐确定为书记候选人的有 3 人，其中原 8 名支部书记全部继续当选。

在部分试点完成之后，1999 年深圳在全市农村党（总）支部换届选举中全面推行"两票制"。这一阶段的"两票制"在程序上更为完善，整个选举过程分为四个阶段：①

第一阶段是候选人的推荐。村党（总）支部班子成员，包括书记、副书记和委员的候选人全部由推荐产生，村民推荐、党员自荐、村委会提名、镇党委提名等多种推荐方式并存。为搞好推荐工作，各村均召开了党支部全体党员大会，传达了区、镇换届选举工作安排意见，并发动大家现场推荐党（总）支部书记、副书记和委员人选。

第二阶段是组织审查确定初步候选人。在第一阶段推荐的候选人基础上，镇党委根据《关于龙岗区行政村党（总）支部换届选举实行"两票制"推选办法的意见》的规定，对推荐人选的资格进行严格审查，既把好政治关，又把好能力关，严格按照干部"四化"标准慎重确定初步人选。

第三阶段是确定正式候选人。在初步候选人名单基础上，各村组织召开了全体党员和村民代表大会，镇党委组织部通报了对党（总）支部班子的考察结果和财务审计结果；选举工作领导小组通报党（总）支部书记、

① 王春生：《珠江三角洲农村村治变迁》，广东人民出版社 2004 年版，第 297—299 页；景跃进：《"两票制"：发源与嬗变》，载《当代中国农村"两委关系"的微观解析与宏观透视》，中央文献出版社 2004 年版。

副书记和委员人选的推荐情况，作为拟定初步人选的依据，宣布初步人选名单，介绍初步人选的基本情况。党（总）支部书记初步人选在会上进行竞选演讲或个人述职。随后，全体党员和村民代表对初步人选进行民意测评投票，党员投票和村民代表投票分别计票。镇党委根据党员和村民代表的民主测评投票情况，在参考上届支部委员会提出的人选名单基础上，确定党（总）支部书记正式候选人；并按照应选人数20%的差额比例确定党（总）支部委员正式候选人。

第四阶段是党内正式选举。村党（总）支部书记和委员正式候选人确定后，各村党支部按照《中国共产党基层组织选举工作暂行条例》的规定，召开全体党员大会，制定和通过《村党（总）支部换届选举办法》，差额选举产生新的党（总）支部委员，然后再召开（总）支委会选出书记、副书记。选举结束后报镇党委批准。

"两票制"不仅拓展了村民民主选举的权利，而且还有利于理顺村委会直选所带来的村委会与村党支部之间的权力张力。经过"两票制"选举产生的村党支部，不仅获得了党员的投票支持，也获得了普通群众的民意推荐，赢得广泛的党内外支持，由此进一步巩固了其作为村级治理机构的领导核心地位。经过两轮民主投票的充分筛选，那些群众基础好，教育水平高，工作能力突出的年轻干部脱颖而出，进入村党支部的领导班子，村级班子干部素质与结构都有了很大改进。

在1999年深圳全市普遍采用"两票制"的村党（总）支部换届选举后，龙岗区大鹏镇6个行政村中，党支部书记年龄最大的45岁，最小的只有29岁，平均年龄仅32.8岁，全部具有高中以上文化程度，其中大专1人，中专4人；支部委员平均年龄32.8岁，比上届下降2.7岁，大专文化3人，中专11人，高中10人。[①]

（三）乡镇选举的改革

深圳在着力改善村委会一级民主建设的同时，也开始尝试将基层民主推向乡镇一级。

---

① 李朝辉：《新形势下基层党组织建设的探索及启示——关于深圳市部分镇村基层党组织建设的调研报告》，载汤庭芬主编《基层民主与基层组织建设研究》，人民出版社2001年版，第342—347页。

　　1997 年，深圳市决定试点乡镇长选举的直选改革，于 1997 年 11 月 6 日向广东省呈报了《关于在我市镇级政府换届中进行直选试点的请示》，建议率先于 1998 年在深圳宝安区的西乡镇和龙岗区的布吉镇进行直选镇长、副镇长的试点工作。广东省委、省政府同意深圳市的申请。1999 年 1 月，深圳市最终选择龙岗区的大鹏镇进行了镇长的直选试点。这主要是因为大鹏镇已经在全镇普及了村党支部"两票制"的直选方式，有着较好的工作基础。自 1999 年 1 月 18 日到 1999 年 4 月 29 日，大鹏镇镇长选举改革试点历时三个月，圆满结束。

　　深圳在镇一级选举工作的直选改革问题上迈出了第一步，有许多宝贵经验值得总结。在选举方法上，大鹏镇的直选工作借鉴了村党支部"两票制"选举方法的成功经验。深圳市将大鹏镇全镇党政机关、镇属企事业单位、各行政村和居委会划分为 17 个推选区域，由各推选区域年龄在 18 周岁以上的选民采取无记名推荐方式提出镇长提名；镇党委再根据民意测评投票情况，将得票最高者确定为正式镇长候选人推荐人选，以镇党委名义正式推荐给镇人民代表大会进行正式选举。第一轮是该镇全体选民普遍推荐候选人，投的是"公众性民意票"；第二轮是该镇的全体党员、干部、职工和农户代表在第一轮投票的基础上测评候选人，投的是"代表性民意票"；第三轮为法定的人大代表正式选举，此轮可视为"法定性选举票"。①

　　深圳市在此次选举中特别注重选举之前的动员工作。虽然大鹏镇民情较为简单，镇领导在群众中威望较高，群众对直接选举工作较为熟悉，这也是选择其作为直选试点的重要原因，但大鹏镇仍然以高度负责的精神做好该项工作。大鹏镇组织全体党员、村镇干部和职工约 600 人参加动员会议。此次会议部署村镇干部走家串户，引导群众行使好自己的公民权利和履行好自己的公民义务，这为大鹏镇的直选奠定了坚实的基础。

　　首轮投票由全镇选民直接推选镇长候选人的初步人选。1999 年 1 月 22 日，已经划分完毕的 17 个推选小区召开选民大会，全镇参与投票的选民有 5048 人，参与率超过 90%；发出提名推荐票 5048 张，只有不到十张

---

　　① 《广东省深圳市龙岗区大鹏镇"三轮两票制"推选镇长试点情况》，载黄卫平、邹树彬主编《乡镇长选举方式改革：案例研究》，社会科学文献出版社 2001 年版，第 274—280 页。

未收回，共有 76 人被提名推荐为镇长人选，获 10 人以上提名的有 30 人，获 100 人以上提名的有 6 人。其中原镇长李伟文获 3323 人提名，超过 60%；位于第二位的原副镇长郭雁获得 355 人提名，占 7%。1999 年 1 月 22 日到 27 日，大鹏镇党委对六名镇长候选人初步人选进行了资格审查，确定其中 5 人为镇长候选人。

第二轮投票是由该镇的选民代表在 5 位候选人中推选 1 名镇长候选人。1999 年 1 月 27 日，全镇党员、干部、职工及村民户代表 1068 人参加了大会。5 位候选人初步人选首先发表竞选演说，演说的内容包括竞选人的竞选条件、施政纲领、治理方案等。随后，与会代表当场填写《镇长初步人选民意测验表》，对演说进行民意测评。大会共发出民意测评票 1068 张，共收回 1063 张且全部有效，其中候选人初步人选李伟文高居榜首。随即大鹏镇党委依程序确认了选举结果有效，决定将李伟文作为镇长正式候选人推荐给镇人大主席团。

第三轮投票由镇人大选举产生镇长。1999 年 4 月 27—29 日，大鹏镇十一届人民代表大会第一次全体会议召开，大会主席团决定李伟文为镇长正式候选人。1999 年 4 月 29 日，该镇十一届人大第一次会议举行第三次大会，李伟文以 45 票全票当选为新一届镇政府镇长。在上述前两轮的投票中，第一轮的公众性民意票和第二轮的代表性民意票可被合称为民意推荐票，再加上第三轮的法定性选举票，故而统称"三轮两票制"。①

（四）特区外农村基层党建工作的先进典型

南岭村是深圳市龙岗区南湾街道的一个行政村，该村坚持"两手抓，两手都要硬"的方针，在物质文明和精神文明两个方面均实现重大发展，在党的基层建设方面也探索出了宝贵的经验。1997 年 3 月 30 日，《人民日报》在头版头条发表了长篇通讯《南岭村的新闻》，并配发了"编者按"，希望各地都能对照南岭村的实践，抓好党的建设。② 4 月 29 日，新华社发

① 《广东省深圳市龙岗区大鹏镇"三轮两票制"推选镇长试点情况》，载黄卫平、邹树彬主编《乡镇长选举方式改革：案例研究》，社会科学文献出版社 2001 年版，第 274—280 页；黄卫平等：《中国大陆乡镇选举方式改革研究》，《当代中国研究》2001 年第 4 期。
② 深圳市史志办公室编：《中国共产党深圳历史大事记》，深圳报业集团出版社 2012 年版，第 242 页。

长篇通讯：《南岭村：演绎共同富裕新篇章》，详细介绍了南岭村人"穷要有志气，富不生富毛病"的事迹。市委、市政府做出《关于向南岭村学习的决定》。深圳乡村党建的成功经验，引起了全国范围内的广泛关注，这是深圳人克服重重困难，改善较差的物质条件，并在地方党组织的带领下，抓紧精神文明建设，实现物质、精神双丰收。

1997 年 6 月 21 日，中共中央组织部发出《关于授予王启民等 18 名"全国优秀共产党员"称号的决定》，深圳市布吉镇南岭村党支部书记兼村委会主任张伟基榜上有名。7 月 8 日，市委组织部、农村基层办公室发出通知，号召全体农村干部向张伟基学习。①

深圳农村基层民主的创新在党组织的领导下，结合较快的经济社会发展状况，适应广大人民群众日益增长的政治权利需求，充分发挥了人民群众的主观能动性且树立了原则规范。深圳的农村基层民主建设是渐进性地推进，体现了务实的发展思维，其创新没有停留在纸面上，而是逐步让权力更加透明，人民享受到了改革创新带来的成果，同时逐步趋近于直接选举的方式也起到了良好的带头作用，为其他地区树立了典范。

深圳农村基层民主的发展从村委会的直选到乡镇一级的直选，唤醒了中国农民的选举意识，提高了其政治参与的技能，这是中国共产党在保持自我先进性上的积极探索。党的建设在深圳的农村因为创新了选举形式并深化了农民参与政治的热情度而有了新的发展方向。大鹏镇的直选试验，成为世纪之交中国基层民主选举的重要案例，也为 90 年代深圳党建、民主创新工作画上了圆满的句号。

第三节　加强作风建设，保持党组织的先进性

20 世纪 80 年代的经济高速发展，使深圳从贫穷落后的小渔村一跃成为领先全国的富裕城市，到了 90 年代，保持经济高速发展，同时杜绝物质财富激增带来的诸多不良现象就成为深圳党组织面临的核心问题。为了

---

① 深圳市史志办公室编：《中国共产党深圳历史大事记》，深圳报业集团出版社 2012 年版，第 244 页。

解决这一难题，深圳党组织从加强自己的作风出发，着力保持共产党组织的先进性，提高应对新问题的处理能力。

中国共产党的作风是党的先进性的重要标志，这也是我党永远立于不败之地的重要保证。深圳市委、市政府采取包括宣传先进事迹、制定规范等措施，弘扬党的优良传统，激励人们融入改革开放的时代大潮，投身社会主义建设。

一　紧跟时代，树立典型，加强党的作风建设

优秀党员事迹对于党内加强作风建设有着重要的引领作用。改革开放后各行各业涌现出来的优秀人物和群体，诠释了新时期为社会主义事业奋斗献身的新精神。

1995年3月4日，《深圳特区报》《深圳商报》联合发表长篇通讯《奉献爱心的陈观玉》，报道深圳市第二届文明市民、全国"三八"红旗手陈观玉30年如一日坚持学雷锋做好事的事迹。3月27日，深圳市举行陈观玉同志事迹报告会。同日，市委、市政府做出《关于向陈观玉同志学习的决定》。①

1996年，陈观玉的事迹再次得到表彰。3月2日，广东省委、省政府授予陈观玉"广东省学雷锋标兵"称号；3月6日，新华社播发长篇通讯《沙头角上的"雷锋"陈观玉》；26日，省妇联授予陈观玉广东省"三八"红旗手称号，陈观玉事迹报告会在广州举行。在改革开放后，全国人民积极投身经济建设的背景下，陈观玉同志仍然能够三十年如一日坚持学雷锋做好事，于共产党员加强自身素质、坚定改革开放条件下的价值取向有着积极的引领作用。

处在对外交流第一线的深圳有着优于其他地方对外交流的便利性，这一方面给予深圳经济发展的优越条件，另一方面也不免使爱国爱党的传统受到一定的挑战，为经济利益出卖党和国家机密的事件偶有发生。深圳市在按照党纪国法严厉惩处违法乱纪者的同时，加强爱党爱国的忠诚教育。

---

①　深圳市史志办公室编：《中国共产党深圳历史大事记》，深圳报业集团出版社2012年版，第232页。

1995 年 6 月 7 日，深圳市爱国主义教育基地命名挂牌仪式在华侨城锦绣中华举行。首批深圳市爱国主义教育基地共 13 个。8 月 30 日，深圳举行纪念中国人民抗日战争胜利 50 周年万人歌咏晚会。9 月 26 日，沙头角"中英街"历史纪念馆开馆。如此的爱国主义教育使得广大党员更直接地体会到民族大义的意义和如今社会主义建设局面的来之不易，这对于在复杂形势下坚持共产党人的优良传统和作风有着积极的意义。

二 制定法规、划定界限，加强党的作风建设

处在时代交汇、中外交流前沿的深圳能否探索出社会主义市场经济的新路，能否成为社会主义现代化建设的样本，很大程度上取决于作为领导核心的中国共产党能否始终保持和人民群众血肉联系的优良作风，持续彰显中国共产党的先进性。深圳市委为此做出了长期努力。1995 年 10 月 30 日，深圳市委召开机关作风建设会议。会议公布《中共深圳市委、市人民政府关于严禁党政机关干部利用职权和工作之便索取受贿谋取私利的规定》《深圳市人民政府关于加强机关建设的若干规定》和《中共深圳市委关于加强我市机关作风建设的通知》。1996 年 7 月 12 日，深圳市委、市政府颁布实施《关于领导干部财产申报的暂行规定》。相关法规的实施给广大党员划清了权力与财产、工作责任与义务的关系，对于明晰经济快速发展条件下党员的定位有着重要意义。

1996 年 10 月 30 日，深圳市委常委会议对《深圳市社会主义精神文明建设"九五"规划》进行了专题研究，11 月 9—10 日，深圳市委二届四次全会召开，会议审议通过了《深圳市社会主义精神文明建设"九五"规划》及其决议。深圳市委着力加强精神文明建设的举动正是实现物质、精神文明双丰收的重要步骤，而党员群体在其中的先锋作用则是落实精神文明建设的重要保证。

1997 年 7 月 16 日，深圳市纪委、市委组织部、市委宣传部、市监察局发出通知：在全市开展以"讲学习、讲政治、讲正气"为核心的党性党风党纪教育。8 月 8 日，市委、市政府发出通知：在全市开展群众性精神文明建设活动，其主题是：讲文明、树新风、创三优、争一流，评选第四届文明单位、文明市民、文明企业等。由此可以看出，党的作风建设在深

圳市的开展是一项深入基层且重视具体部门的工作，其根据各自工作的具体情况分别制定了相应的措施，以提高各个部门的工作效率，加强工作作风建设。

1998 年 12 月 29 日至 31 日，市委工作会议召开，总结了深圳 1998 年的工作，部署了 1999 年的工作，着重就经济问题、依法治市和整顿机关作风问题做出了总体安排。

可以看到，党的作风建设在深圳是伴随着经济的发展不断走向深入的，深圳市委主要领导对此更是倾注了大量的精力。1998 年 4 月 5 日，深圳市委成立党风廉政建设责任制领导小组，时任市委书记张高丽亲自担任组长。本着提高工作效率，端正工作态度的务实精神，深圳在党的作风建设上一路向前，一方面狠抓宣传工作，通过对新时期新典型的介绍树立起深圳特色的模范形象；另一方面狠抓制度建设，一手完善法规条例，一手注重实际工作。

第四节　积极推进反腐败斗争

党的反腐败斗争是一个长期过程，对改革开放顺利进行并不断深化发挥保障作用。邓小平对此曾高瞻远瞩地强调："在整个改革开放过程中都要反对腐败，对干部和共产党员来说，廉政建设要作为大事来抓。"[①] 1992 年，邓小平在南方的重要讲话和党的十四大召开，标志着我国的改革开放和社会主义现代化建设事业进入了一个新的历史阶段。在改革开放不断深化、计划经济向市场经济转变的重要转折关头，原有的利益格局随之重新调整，人们的生活方式和生活观念也在深刻变化。在这种新形势、新情况下，腐败分子的手法更加多样化、复杂化，这就对我们的党风廉政建设提出了新的要求。

党的十四大之后，深圳经济特区作为我国经济改革和对外开放的"试验场"，依托其政策和经济上的优势，率先建立起比较完善的社会主义市场经济体制，同时，深圳分阶段全方位推进并构建与社会主义市场经济相

---

① 《邓小平文选》第 3 卷，人民出版社 1993 年版，第 379 页。

配套、相适应的惩治和预防腐败体系，为改革发展提供了坚强保障。

一　社会主义市场经济建设初期的反腐败斗争（1992—1997 年 9 月）

从 1992 年初至 1997 年 9 月党的十五大召开，在五年的时间内，深圳经济特区的经济改革和发展取得了举世瞩目的成就。与此同时，腐败现象出现蔓延态势，呈现出"高发"和"多变"的特征。所谓"高发"，是指一些腐败现象的蔓延，侵蚀的领域广、人员多，以及犯罪案件和犯罪金额上升；所谓"多变"，是指腐败的多发部位变换，犯罪的手法和方式有新变化。① 若不能及时有效地遏制住这种消极现象，无疑将会对深圳经济特区的深化改革和持续发展带来无法估量的恶劣影响。深圳经济特区坚决贯彻、落实中央反腐败斗争的各项工作，多管齐下，在建立社会主义市场经济体制的同时，构建与其相适应的惩治和预防腐败体系，加强党的反腐倡廉建设，为深圳的改革发展保驾护航。

（一）贯彻落实中央反腐败斗争的三项任务

在党的十四大上，江泽民指出："坚持反腐败斗争，是密切党同人民群众联系的重大问题。要充分认识这个斗争的紧迫性、长期性和艰巨性。在改革开放的整个过程中都要反腐败，把端正党风和加强廉政建设作为一件大事，下决心抓出成效，取信于民。"为了切实有效地开展反腐败斗争，中纪委于 1993 年 8 月、1994 年 2 月先后召开第二次和第三次全体会议，通过对当时反腐形势的反复分析，提出了新时期党的反腐倡廉建设的三项任务：党政机关领导干部要带头廉洁自律；查办一批大案要案；狠刹几股群众反映强烈的不正之风。其后，党中央、国务院也陆续部署了反腐败斗争的各项工作，中华大地上犹如刮起了一阵廉政风暴。深圳党委、政府自中纪委第三次全会之后，便坚持"两手抓，两手都要硬"的方针，加强领导，坚决贯彻执行中央反腐败斗争的三项任务及各项工作，并取得较为显著的成效。

1993 年以来党的反腐倡廉建设的一个重要特点，就是重点抓党政机关领导干部的廉洁自律。对此，中共中央、国务院重申和提出了对党政机关

---

① 金维新：《反腐败论析》，上海人民出版社 1996 年版。

县（处）级以上领导干部的"五项规定"，由中纪委、中组部和监察部制定的关于"五项规定"的具体实施意见也予以公布，其他一些相关的具体补充也陆续出台。在党中央的领导下，深圳经济特区采取多种方式从上到下地抓党员干部的廉洁自律。首先，深圳党委、政府积极组织各级党员干部重新学习邓小平同志关于端正党风、加强廉政建设、反对腐败等一系列重要论述，学习江泽民同志在中纪委二次全会上的重要讲话，使党员干部深刻认识到，是否廉洁自律不仅是个人品质问题，更是政治立场、政治观念的问题，引导党员干部进一步树立正确的人生观和价值观，不断深化思想认识，珍惜政治生命。其次，实行多渠道的民主监督，如在政策最开放、对外活动最活跃的深圳蛇口，有选举公仆、投信任票、新闻发布会制度、日常举报、社会舆论监督等多种形式和渠道对党员干部进行监督，促使党员干部时刻自觉树立廉洁自律意识。最后，依靠制度法规反腐保廉。1993年《深圳市国家公务员管理办法》出台，成为中国内地第一部公务员规章。1996年4月深圳市在公务员优秀、称职、不称职的三个考核标准中，增加了一项"基本称职"，并明确规定，凡考核成绩为基本称职的公务人员，必须停止公务、离岗培训，以此来约束公务员尤其是党员干部的操守，防止腐败的滋生。

1993年中纪委二次全会后，深圳经济特区查办大案要案的力度进一步加大，党政机关领导干部中的一些"蛀虫"纷纷落马，其中影响较大的是原深圳市规划局财贸处处长王建业，在不到两年的时间内受贿人民币480万元、美元75万元，并与其情妇史某共同侵吞公款500多万元，最终王建业于1995年4月被依法判处死刑，剥夺政治权利终身。1996年1月至9月，深圳市检察机关共立案侦查贪污受贿等案件162件186人，追缴赃款人民币2949多万元，港币300多万元，[①] 为国家和集体挽回了大量的经济损失。通过查办这些大案、要案，体现了深圳经济特区反腐败的坚定决心，使腐败现象的滋生势头得到抑制，党员干部的廉洁自律受到警示，一些部门和行业的不正之风也有所收敛，为社会主义经济建设提供了良好环境。

---

① 深圳党建研究会编：《深圳加强党风廉政建设新探》，海天出版社1997年版，第15页。

因其特殊的地理位置和经济政策，深圳首当其冲地受到资本主义市场经济和西方意识形态的影响，其中不乏腐朽的思想和生活方式，再加上新旧经济体制过渡时期，部分制度法规的漏洞，导致在一些国家企事业单位及党员干部中滋生出不正之风。多年来，深圳监察局等相关部门坚持倾听民意，围绕群众关心的热点、难点问题，结合本市实际情况，充分运用执法监察等手段，不断规范行政行为、市场行为和企业行为，严查严究，狠刹损害群众利益的不正之风。先后开展对中小学校乱收费、公路"三乱"、私设"小金库"、医药购销和福利房分配中的不正之风、不动产行业收受回扣、向企业乱拉赞助等群众反映强烈的问题的专项整治，极大地遏制了不正之风。

（二）健全完善廉政法制建设

反腐保廉需要依靠教育、依靠惩戒，更需要依靠法制。深圳经济特区在社会市场经济体制建设的初始阶段，在深化改革的同时，也将探索建立特区反腐保廉的廉政法律体系摆在重要位置，大力推进廉政法制建设，将反腐保廉的工作逐步纳入制度和法律建设的轨道，借以预防、制约各种腐败现象和不正之风。

1992年7月1日，全国人大常委会授予深圳市地方立法权，由此揭开深圳廉政立法工作的序幕。深圳市人大及市政府以建立社会主义市场经济体制为中心，在坚持经济立法为主的同时，根据全国人大常委会有关法律，结合深圳反腐败斗争的实践经验，积极开展廉政立法的筹备工作。1993年11月，市人大常委会《关于打击公职人员携款潜逃的决定》和市政府《关于国家工作人员在公务活动中不得收受礼品礼金的规定》最终审议通过并颁布实施，这是深圳廉政法制建设的重要阶段性成果。同时，为加强对公务员队伍的建设，深圳市相继颁布了《国家公务员暂行条例》《深圳市国家公务员管理办法》和《深圳市国家公务员制度实施方案》等，不断健全深圳市公务员管理法规。一系列制度法规的出台，为深圳党政机关公务人员提供了行为准则和道德规范，也使深圳经济特区的反腐败斗争拥有了有力的法律武器。

在健全廉政法规、制度的同时，深圳市特别强调严格执法执纪，加强对执法执纪情况的监督检查，对有令不行、有法不依、顶风违纪、压案不查的行为，坚决予以纠正和查处。努力做到以法惩腐，以法保廉，依法管理，依法行政，用法律保证国家公职人员的廉洁和促进特区社会主义市场经济的健康发展。

（三）完善监督机制

在新旧两种经济体制转变时期，反腐败要治本，还需要不断完善与发展与社会主义市场经济体制相适应的行之有效的监督机制。因此，深圳市着力完善内部监督、强化社会监督，并建立相应的廉政测评预警机制，努力构建党内党外结合、专门监督机关与群众结合的比较完备的监督体系。

在内部监督方面，深圳市健全党代表活动制度，强化对各级主要领导的监督管理，依据各部门、各单位的特点，有针对性地制定各种内部监督制度，加强党员干部的自我约束意识。如在多家单位落实反腐保廉责任制，要求党政领导明确分工，责任到人，真正做到反腐保廉工作谁主管谁负责，奖惩分明，逐级逐层地落实；此外，针对涉及土地、建设工程和企业国有资产流失的"暗箱操作"等问题，相关部门推进建立公开、公平、公正的市场经济秩序，及建立健全企业内部约束和监管机制，深入抓好有形建筑市场、有形土地市场、产权交易市场的建立、发展、规范和完善，并积极帮助企业规范经营决策程序和健全财务监管制度，强化企业民主监督机制。

在社会监督方面，一方面强调职能监督，如完善人大监督机制，加强政协的民主监督，强化纪检监察机关的监督职能，强化工商、税务、海关等经济监督部门的执法、执纪作用，建立特种审计制度。另一方面，则大力强化公众监督，推进落实政务公开、企务公开、村（居）务公开，切实保障群众的参与权、知情权和监督权。充分发挥新闻舆论监督的作用，完善信访举报制度。通过这些方式，依靠各部门和广大人民群众的力量，努力实现权力运作过程的透明化、公开化，使反腐败斗争经常化、规范化，督促各级党政机关的领导干部自觉抵制贪腐思想的侵蚀。

二 世纪之交的深圳经济特区反腐败斗争（1997 年 9 月—2002）

1997 年 9 月，党的十五大召开，江泽民同志在报告中深刻指出："反对腐败是关系党和国家生死存亡的严重政治斗争"，强调反腐倡廉要"坚持标本兼治，教育是基础，法制是保证，监督是关键。通过深化改革，不断铲除腐败现象滋生蔓延的土壤"。① 这不仅阐明了反腐败斗争的紧迫性和重要性，也为跨世纪的反腐工作指明了基本方向。

世纪之交，随着我国社会主义现代化建设步伐的加快，深圳也进入到增创特区新优势的重要发展时期，这一方面给深圳的反腐倡廉工作带来动力和支持，另一方面又对深圳的反腐败斗争带来了新问题、新挑战。面对深层次问题尚未完全解决，新情况层出不穷，反腐败斗争艰巨复杂的局面，深圳市在党的十五大反腐基本方略的指导下，结合其具体、特殊的情况，进一步加大反腐力度，标本兼治地推进了深圳市反腐倡廉建设。

（一）加强教育，提高党员干部素质

反腐倡廉建设是发展社会主义市场经济的内在必然要求，而社会主义市场经济的不断发展，也会对反腐倡廉建设提出更高的要求，二者是辩证统一的关系。但是长期以来，在特区的一些党员干部中存在着将发展市场经济与廉政建设对立起来、谁反腐败谁吃亏以及腐败"有益无害论"等错误思想，认为行贿受贿是为了促进经济的发展，甚至指责查办贪腐大案要案的同志是在搞"政治运动"等，错误地理解了发展社会主义市场经济与反腐败的关系。因此，深圳市在新的发展时期推进反腐倡廉建设时，坚持加强对广大党员干部的思想政治教育，引导其树立正确的世界观、人生观和价值观，增强法治意识，自觉抵制不良思想的侵蚀。

1998 年 11 月 21 日，中共中央发出《关于在县级以上党政领导班子、领导干部中深入开展以"讲学习、讲政治、讲正气"为主要内容的党性党风教育的意见》，深圳市委迅速行动，将中央的要求同本市的工作实际结合起来，在全市的党员干部中积极开展"三讲"教育活动。一是狠抓马克思主义理论的学习教育，采取灵活多样的方式组织党员干部认真学习中央、省委、市委的有关文件，学习毛泽东、邓小平和江泽民同志的有关论述，进一步端正思想，坚定共产主义信念和建设有中国特色社会主义的信心。二是找出存在的突出问题，总结经验教训。各单位各部门纷纷采用开

---

① 江泽民：《在中国共产党第十五次全国代表大会上的报告》，人民出版社 1997 年版，第 27—28 页。

座谈会、个别交谈、发放征求意见表、设意见箱等方式，广泛征求群众对本单位本部门领导班子和领导成员的意见，并通过对意见的总结分析反思，使领导班子清醒地认识了自身存在的不足，为整改打下坚实基础。三是通过民主生活会等方式积极开展批评与自我批评。深圳市委统一部署，深圳各单位各部门党委召开领导班子专题民主生活会，领导班子及成员对照中央和省委、市委要求以及群众意见，找准单位部门改革与发展中存在的突出问题，开展认真负责、实事求是的批评和自我批评，增进了领导班子的团结，为下一阶段制定整改方案、落实整改措施打下了良好基础。经过不断努力，深圳的"三讲"教育活动达到了预期目的，增强了广大党员干部的政治意识、责任意识和廉洁自律意识，思想作风和工作作风有了明显改变。

2000 年，江泽民考察广东时，提出了"三个代表"重要思想，这一思想站在世纪之交的时代高度，总结了我们党近 80 年的历史经验，并为全面推进党的建设、深入开展党风廉政建设和反腐败斗争指明了方向。"三个代表"重要思想提出后，深圳市在全市各级领导班子和基层干部中开展相关学习教育活动，坚定共产党员全心全意为人民服务的理想信念，坚决纠正虚报浮夸、公款吃喝、铺张浪费等不良风气，重点解决机关部门"门难进、脸难看、事难办"和"吃、拿、卡、要"等问题，加强广大党员干部真心实意为人民办实事的意识。在"三个代表"重要思想的指引下，深圳各级纪检监察机关努力探索新形势下反腐败斗争的特点和规律，从思想上筑起拒腐防变的堤防，形成了一套有深圳特点的党风廉政建设新路子。如中国农业银行深圳市分行、深圳发展银行向新任领导干部发送反腐保廉提示函、警示函，借以进行党风廉政教育。深圳市纪委及时发现这两个新经验，并向全市进行推广；为了从源头上治理和预防腐败，深圳市纪检监察部门每查办一起案件，都向发案单位发出《案件处理整改建议书》，要求发案单位落实整改措施，报告整改结果，从根本上解决存在的问题。

深圳市对党员干部的思想教育活动并不是暂时性的，而是一个长期系统的过程，是依据特区经济、社会发展过程中出现的各种问题，因地制宜地开展党性教育活动，使深圳党员干部时刻加强思想防线。通过一系列党的思想理论教育活动，深圳市各级党员干部的素质得到提高，增强了严格遵守党规党纪、全心全意为人民服务的意识，在深圳经济持续、快速发展的环境中，自觉抵制腐朽思想文化侵蚀的能力随之提高。

（二）推进体制改革，抑制腐败现象

努力推进体制改革，建设良好的社会主义市场经济秩序，抑制腐败现象发生，是深圳经济特区在党风廉政建设实践中取得的宝贵经验。

深圳纪检监察机关对深圳发生的腐败现象进行了大量、细致的调查研究后，发现许多腐败问题都与行政审批制度有关，有鉴于此，深圳经济特区再次走在了全国前沿，于 1997 年在全国率先进行了大刀阔斧的行政审批制度改革。其改革思路是：对于该取消的行政审批项目坚决取消，对于需要保留的行政审批项目，可以运用市场机制来运作的，一定通过招标、拍卖等市场手段来处理；对不能通过市场机制运作的项目，尤其是那些容易发生以权谋私、权钱交易的项目的行政审批权力，必须进行合理分解，并加强相互之间的监督制约，防止少数人权力过分集中又缺乏内部监督、搞暗箱操作的弊端。① 1999 年 3 月，《深圳市审批制度改革若干规定》正式实施，42 个政府部门（单位）的审批和核准事项由 1091 项减少到 628 项，减幅达 42.4%；为适应加入世贸组织后的需要，深圳又于 2001 年初开始了第二批行政审批制度改革，审批和核准事项由 628 项再次缩减到 351 项。通过改革，深圳的行政审批过程大大简化，不仅提高了政府部门的办事效率，而且有效抑制了党员干部滥用权力、贪腐受贿的势头。深圳市的这一做法得到了中央纪委的肯定，在全国范围内得到推广。

另外，在财政管理制度方面，深圳经济特区按照公共财政的要求，全面推行部门预算改革，将行政事业单位的收支全部纳入部门预算管理，严格界定各种经费的支出范围、支出标准；严格落实政府采购制度，使政府采购中心成为独立的执行机构，统一采购标准，编制详细的采购目录，推行网上招标；推广国库集中支付制度，强化政府对财政的宏观调控和约束力。2002 年，为彻底解决"小金库"问题，深圳经济特区统一规范了党

---

① 王树成、冯瑛冰、翟伟：《纠偏补弊、激浊扬清——党的十五大以来反腐败斗争回顾》，《党的建设》2001 年第 1 期。

政机关公职人员临时岗位津贴，市委、市政府制定了具体的发放规定，市纪委、市监察局出台了对擅自发放补贴单位的主要领导、财务人员，一经发现一律就地免职，然后视调查情况严肃处理的禁令，较好地达到了运用一条纪律解决一个方面的突出问题的效果。① 这一系列财政制度改革的意义在于，一方面从财政制度方面规范行政行为，减少权钱交易的概率；另一方面则起到从源头上防治腐败的意义，保证各级领导机关及其党员干部的廉洁、高效。

（三）公开用权，防止权力腐败

让权力在阳光下运行，公正、公开地用权，杜绝经济、行政等领域的"暗箱操作"行为，也是深圳经济特区在世纪之交加强反腐倡廉建设的一个重要举措。

在经济领域，为了杜绝建设工程招投标中的"暗箱操作"和其他违规行为，深圳市纪检监察部门展开了广泛调查研究和论证，市领导还专门带队到香港廉政公署进行考察。在集思广益又借鉴相关经验的基础上，纪检监察部门围绕投标人资格预审、低价中标、工程担保等内容，提出了切实可行的有关改革建设工程交易的具体意见，2002 年 3 月深圳正式实施的《建设工程施工招标投标条例》将这些意见全部采纳。自此，深圳市建设工程都按照国际上通行的"无底价、价低者得标"的原则，一律进入市场公开招投标，同时市纪检监察部门还配合制定了具体操作办法和配套措施，对违规插手工程承发包的情况进行了专项检查。此外，为规范产权交易市场，深圳市纪检监察部门提出强制性地将市、区国有和集体资产的产权交易全部纳入产权交易中心，以公开的方式进行交易，同时加强评估中介机构的管理，防止国有资产流失，市监察局会同国资、工商等有关部门对产权交易全过程实施监督检查，等等。如此一来，相关权力公开、公正地运行，有效避免了一些领导干部利用手中职权营私舞弊、扰乱正常市场经济秩序现象的出现，为深圳经济的纵深发展提供了良好的环境。

在行政领域，深圳经济特区在干部的选拔任用上引入竞争机制，公平择优。2000 年深圳公开选拔 6 名局级领导干部。2001 年，又结合机构改

---

① 谭国箱：《构建反腐保廉预防体系的积极探索》，《人民日报》2003 年 10 月 9 日第 12 版。

革，在全市推行处级干部缺位竞争上岗。同年，深圳被中央组织部确定为干部人事制度改革综合试点单位。2002 年，深圳再次面向海内外公开招考 17 名局级干部。将部分用人权公开运行，建立竞争上岗、公开选拔的机制，形成了选拔领导干部的公开、平等、竞争、择优的良好环境，很大程度上避免了用人不当、裙带关系等干部选拔过程中的不良现象。

当然，公开用权更需要有效的监督机制，继续加强完善内部监督和社会监督体系依然是深圳经济特区在世纪之交反腐倡廉建设的重要课题。在推进简政放权、依法治权的同时，深圳市纪检监察部门积极配合市委、市政府，督促公开用权走向落实，市纪委协调有关部门成立专门的工作领导小组，推动政务公开向各级机关单位不断延伸，分别实行政务公开、村务公开、厂务公开。如深圳宝安区公明镇塘尾村，在改革开放之初便率先探索实践财务公开，到 1998 年 6 月，塘尾村建立健全了各项制度，并由财务公开转向了全面的村务公开，群众想知道的要公开，群众不知道的也要公开，不仅公开结果还公开过程，这使得塘尾村因村务"早公开，敢公开，全公开，会公开"而远近闻名。村务公开增强了全体村民的主人翁意识和积极性，人人都愿为改善投资环境建言献策，更重要的是，村务公开也使领导干部得到有效监督，赢得了村民们的信任。10 多年来，塘尾村的村干部除两人因年龄原因自然退休外，没有一人在选举中落选。塘尾村真正实现了民主决策、民主管理、民主监督，这也是深圳经济特区多年来在反腐倡廉建设中监督机制不断完善的一个小小缩影。

（四）加强法制建设，依法反腐

依法反腐，就必须有法可依，完善廉政法制体系建设。面对世纪之交党风廉政建设和反腐败斗争中出现的各种新情况、新考验，在充分发挥思想教育、体制改革抑制腐败的同时，着力加强与社会主义市场经济体制相适应的廉政法制建设，为反腐倡廉提供强有力的法律保障。

2002 年 1 月，深圳反腐保廉预防体系正式实施，这是深圳经济特区贯彻落实江泽民同志"三个代表"重要思想和党的十五届六中全会精神，进一步加强党风廉政建设，争当有中国特色社会主义示范地区的一项重大举措。反腐保廉预防体系根据中央和省委有关精神，提出了创建反腐保廉体系的基本原则、主要目标和实施步骤，主要包括 7 项机制，其中一项便是

"建立和完善法制约束机制"。

建立和完善法制约束机制主要涵盖四部分内容:一是推进政府行政行为的法定化;二是加强规范市场经济秩序的立法;三是完善公职人员的行为准则和道德规范;四是严格执法执纪。

在行政行为法定化方面,该体系对政府各部门职能、行政程序、行政审批、行政收费、行政处罚、采购招标、政府投资行为、政府内部管理、行政执法责任等方面都做出了具体的法定化要求。

在市场经济秩序立法方面,要求制定和完善土地批租、有形建筑、产权交易等要素市场的法规,制定和完善中介机构的市场准入、执业行为及取消执证资格等方面的法规,强化法制约束力;进一步明确政府职能部门的监管责任,加大对市场主体的监管力度,紧盯住国土批租、工程建筑、产权交易,使其自觉完善相关管理条例,以适应市场经济体制,做到经营性土地使用权招标拍卖率达到100%;国有、国有控股和集体企业建设工程100%按规定运作;国有、国有控股和集体企业产权转让100%进入产权交易市场交易。

在行政人员的行为规范方面,结合深圳的实际,根据《中共中央关于加强和改进党的作风建设的决定》《公民道德建设实施纲要》和中央纪委制定的党政领导干部廉洁自律的一系列规定以及《国家公务员条例》,完善党风廉政建设责任制、反腐保廉连带责任制、领导干部离任审计制等廉政制度体系。实行公务员廉洁从政记分制,设立公务员廉政基金、公积金,以及实行公务员物质待遇货币化制度,尽快建立和完善激励惩戒系统。

加强对执纪执法情况的监督检查,对有令不行、有法不依、顶风违纪、压案不查的,坚决纠正和查处。坚持对人的处理持慎重态度,处理好严肃执纪执法与宽严相济、区别对待的关系,营造良好的执纪执法环境。继续纠正部门和行业不正之风,按照"纠建并举"的原则,开展专项治理,着力克服"门难进、脸难看、事难办"的现象,解决乱收费、乱罚款、乱摊派等群众反映强烈的突出问题。

从1992年到2002年,深圳经济特区反腐倡廉建设一直贯穿社会主义市场经济建设全过程,二者相辅相成。十年来,无论是在市场经济的发展初期,还是世纪之交面临香港回归、我国加入世贸组织等改革开放向纵深发展的新时期，深圳经济特区面对反腐败斗争中不断出现的新问题、新挑战，始终坚持党的强有力的领导，坚持"两手抓，两手都要硬"的方针，正确处理反腐败斗争与改革发展稳定之间的关系，在贯彻中央反腐败部署方面做了大量卓有成效的工作，并积极探索出一套与社会主义市场经济相适应的反腐倡廉体制，不断完善各种管理制度和机制。十年来，深圳经济特区多管齐下地坚持反腐败斗争，加强了各级党政机关领导干部的廉洁自律意识和自觉抵制腐败的责任感，推动了党风廉政建设和反腐败斗争不断深入发展，为深圳经济特区这一时期经济的飞速发展、社会的稳定进步创造了良好的环境，也为深圳经济特区在 21 世纪经济的腾飞提供了助力。

第五节　全面开展制度建设

1992 年到 2002 年的十年是深圳改革开放政策落实后发展非常迅速的十年，这十年中党的建设也逐渐从试点开创阶段发展到了成规模、建制度的阶段。

1992 年 7 月 1 日，七届全国人大常委会第二十六次会议通过了关于授权深圳市人大及其常委会和深圳市人民政府分别制定法规和规章在深圳经济特区实行的决定，这为深圳党的制度创新提供了有力的保障。深圳党的制度建设并非简单地对一些旧的体制和制度的否定，而是对符合时代潮流和社会现实的制度进行创建，这是深圳在改革开放大潮中走在前列的重要保障。

1992 年中共十四大的胜利召开，确立了此后一个阶段的战略部署是动员全党同志和全国各族人民，进一步解放思想，把握有利时机，加快改革开放和现代化建设步伐，夺取有中国特色社会主义事业的更大胜利。在此战略部署下，自深圳改革开放初期就普遍存在的意识形态之争和经济成分之争逐渐淡出历史，事关改革开放成败的制度化建设逐渐加速。

一　深圳的党代会制度

党代会作为中国共产党组织最为重要的会议，其制度化意义不仅仅在于对党自身建设的重大意义。中国共产党作为社会主义现代化建设的领导核心，其党代会制度化必然对中国经济社会各方面的持续健康发展发挥重要作用。

20世纪80年代深圳经济走过初创奠基和基本成型阶段后，市委领导经济社会有计划发展的重要性逐步凸显。在这样的背景下，制度化的党代会应运而生。从1990年开始的党代会每五年召开一次，为下一阶段的特区党的中心工作提出新任务做出新部署。

1990年12月15—18日，中共深圳市第一次代表大会在深圳会堂隆重举行。时任深圳市委书记李灏代表市委做了题为"继续办好经济特区，努力探索有中国特色的社会主义路子"的报告，时任市委常委、纪委书记李海东代表市纪委做了题为"回顾过去、思考未来、把我市纪检工作提高到一个新水平"的报告。大会选举产生中共深圳市第一届委员会和中共深圳市纪律检查委员会。19日，中共深圳市第一届委员会举行第一次全体会议。会上选举产生中共深圳市第一届委员会常务委员会委员11人，其中李灏任书记，郑良玉、厉有为任副书记。中共深圳市纪律检查委员会举行第一次全体会议，李海东当选为市纪委书记。

深圳第一次党代会提出把马克思主义同深圳的实际结合起来，将党的优良传统和开拓创新精神结合起来，切实抓好党的自身建设，进一步提高特区党员队伍素质，增强党的战斗力和凝聚力。

深圳第一次党代会后，深圳市委相继召开了八次全体会议。其中于1991年9月召开的一届二次全体（扩大）会议，总结头十年的经验，描绘后十年的蓝图。市委书记李灏主持会议，市委副书记、市长郑良玉做了《中共深圳市委关于深圳市国民经济、社会发展的十年规划和第八个五年计划的建议（草案）》的说明。市委副书记、人大常委会主任厉有为做了《中共深圳市委关于加强党的建设的意见》的说明。会议审议通过了《中共深圳市委关于制定深圳市国民经济和社会发展十年和第八个五年计划的建议》《深圳市社会主义精神文明建设"八五"规划》和《中共深圳市委关于加强党的建设的意见》三个决议。1993年3月3日，市委一届六次全会召开。全会推荐深圳市出席广东省第七次党代表大会代表候选人预备人选。11日，召开市党代表大会，选举26名代表出席中共广东省第七次党代表大会。

　　1995 年 4 月 25 日到 28 日，深圳市第二次党代会召开。时任市委书记厉有为做了题为"为把深圳建设成为社会主义现代化的国际性城市而奋斗"的报告，时任市委常委、纪委书记莫华枢做了题为"全面履行职能，坚持标本兼治，努力开创纪检工作新局面"的报告。大会总结了第一次党代会以来的成就和经验，分析了深圳面临的形势和存在的问题，提出今后五年，深圳要进行二次创业，把深圳建设为社会主义现代化国际性城市。大会选出中共深圳市第二届委员会委员 37 人，候补委员 7 人，同时选出中共深圳市纪律检查委员会委员 27 人。大会还通过了《中国共产党深圳市第二次代表大会关于一届市委报告的决议》和《中国共产党深圳市第二次代表大会关于市纪律检查委员会工作报告的决议》。

　　深圳第二次党代会后，深圳市先后召开了九次二届全会会议。其中，1997 年 10 月召开的市委二届六次全体（扩大）会议讨论了《深圳全面建设比较完善的社会主义市场经济体制纲要（讨论稿）》和《深圳市文化事业发展（1998—2000）三年规划及 2010 年远景目标（讨论稿）》，通过了《中共深圳市委第二届第六次全体会议关于中共深圳市委常委报告的决议》。厉有为做了题为"高举旗帜，解放思想，抓住机遇，努力把党的十五大精神落实到实处"的报告，提出在全国率先形成比较完善的社会主义市场经济体制，把深圳建设成为现代化国际性城市。

　　2000 年 5 月 22—25 日，深圳市第三次党代会召开。时任市委书记张高丽代表市委做了题为"增创新优势，更上一层楼，率先基本实现社会主义现代化"的报告。时任市纪委书记李统书代表市纪委向大会做书面工作报告。大会报告回顾了深圳经济特区 20 年发展历程，总结深圳近五年的成就与经验。大会提出要动员全市广大党员干部群众，增创新优势，更上一层楼，为率先基本实现社会主义现代化而奋斗。全会还提出要把全市各级党组织真正建设成为体现"三个代表"重要思想的富有战斗力的坚强集体。①

　　2000 年 12 月 25—27 日，中共深圳市第三届委员会第二次全体（扩大）会议召开。会议审议通过了《中共深圳市委关于制定全市国民经济和

---

　　①　深圳市委党校课题组：《改革开放 30 年深圳经济特区党的建设回顾与思考》，《特区实践与理论》2008 年第 11 期，第 20 页。

社会发展第十个五年计划的建议》，提出解放思想，奋力开拓，抢抓机遇，加快发展，为率先基本实现社会主义现代化而奋斗。

十年中的三届党代会及随后的各次全会，为我党在深圳高速发展的背景下如何起到领导作用，如何应对新兴事物等问题做出了解答，而会议本身也引领深圳在党建工作制度化的道路上越发严谨。

二 党领导下的干部人事制度改革与机构改革

坚定不移地坚持中国共产党的领导是深圳日新月异发展的重要保证，而党领导下机构改革在保障思想统一的同时，又能灵活地处理新形势下的新情况。正如邓小平同志所指出的："正确的政治路线要靠正确的组织路线来保证。中国的事情能不能办好，社会主义和改革开放能不能坚持，经济能不能快一点发展起来，国家能不能长治久安，从一定意义上来说，关键在人。"①

（一）公务员制度的完善

20世纪90年代的深圳是新事物与旧传统交融的区域，新中国成立之后师从苏联建立的高度集中的干部人事制度在经济不断发展的形势下需要大刀阔斧的改革。深圳虽身为经济特区，但实际上担负着开创中国特色社会主义道路的重大责任。深圳市委、市政府深知，干部人事制度必须与经济体制的改革同步，否则经济特区的身份将无法给予深圳特殊的发展环境。基于这样的考虑，深圳市委对干部人事制度与其相应的机构开始了大刀阔斧的改革。

在90年代初探索了公务员管理制度之后，1993年9月，深圳市正式颁布施行了《深圳市国家公务员管理办法》。该办法对职位分类、录用、考核、奖励、纪律、职务升降、职务任免、培训、交流、回避、辞职辞退、退休、申诉控告13项制度做出了具体规定。1995年10月深圳市又颁布《深圳经济特区机关工作人员工资制度改革实施办法》，对《深圳市国家公务员管理办法》所缺少的公务员工资福利制度做了具体的规定。与此同时，深圳市委、市政府还颁布了《深圳市国家公务员考核实施细则》《深圳市国家公务员辞职辞退实施细则》《深圳市国家公务员交流实施意

---

① 《邓小平文选》第3卷，人民出版社1993年版，第380页。

见》《深圳市国家公务员考试录用实施细则》等配套规定，充实完善了各单项制度。① 至此，深圳市公务员制度基本建立。

（二）领导干部选拔制度完善

深圳于 90 年代逐步将公开选拔领导干部做法予以普遍推行。中共中央组织部在 1999 年初下发了《关于进一步做好公开选拔领导干部工作的通知》，强调要加大公开选拔领导做法的推广力度。在此基础上，公开选拔的范围和程序需要各地认真研究制定，着力提高考试的科学化水平，切实提高公开选拔工作的成效。世纪之交的 2000 年，中共中央组织部又印发了《2001—2010 年深化干部人事制度发展纲要》，明确提出："要推行公开选拔党政领导干部制度。逐步提高公开选拔的领导干部在新提拔的同级干部中的比例。规范程序，改进方法，降低成本。加快全国统一题库建设，完善公开选拔工作的配套设施。实现公开选拔党政领导干部的规范化、制度化。"

深圳市在此背景下大力推行公开选拔领导干部做法并逐步规范。2000年底，深圳发出公告，向社会公开选拔 6 名局级领导干部。考试分为笔试和面试两个阶段。笔试为闭卷考试，分为公共科目和专业科目两个部分。笔试的目的是测试应试者在基础知识、政策法规方面的认识和对问题处理的能力。公共科目和专业科目四六分成。按照高低分顺序，每个职位前六名进入面试答辩，面试的主要目的是测试应试者的综合分析、临场应变、逻辑思维、语言表达等方面的能力。最终按照笔试、面试答辩成绩列出综合考试成绩的排名。

随着 2000 年公开选拔干部工作的顺利进行，2001 年底，深圳市再次发出公告，公开选拔 26 个职位的领导干部。深圳公开选拔干部的最大特点就是面向全国，甚至面向海外选拔干部。例如 2001 年的公开选拔，其中面向海外选拔 3 个，面向全国选拔 14 个，面向深圳市选拔 5 个，面向市属系统选拔 4 个，如此名额分配一方面给予已在深圳市属单位工作的干部以新的机遇，另一方面又能招揽更大范围内的人才。此次公开选

---

① 陈家喜、黄卫平：《深圳经济特区的政治发展（1980—2010）》，商务印书馆 2010 年版，第112 页。

拔中，深圳市委并未遵循常例，在经过了公开报名、资格审查两个阶段之后，备选职位调整为 17 个，这也体现了深圳市委在公开选拔干部的问题上实事求是的精神。2002 年 1 月底，选拔考试在深圳市委党校举行，174 人参加了考试，考生中除了来自深圳和湖南、湖北等地，还有 4 名分别来自美国、日本和香港的境外人士。考试结束之后，市委在充分酝酿和讨论的基础上，确定 16 名拟任人选，于 8 月底公示，这 16 人中具有研究生学历的 13 人，其中博士 4 人，年纪最小的 34 岁，最后正式任命 14 人。深圳市委组织部负责人称，这次公选相较以往体现了如下的特点：一是规模更大，这次是历次公开选拔职位最多的一次；二是视野更宽，过去主要是面向国内选拔，这次则是第一次把选人的视野投向海外；三是首次允许包括三资企业、民营企业以及其他机构的非我国国家公职人员参与竞争，打破了人才身份界限；四是实行倾斜政策，规定某些职位定向选拔女干部、党外干部，积极为女干部和党外干部的成长提供条件。

（三）机构改革加速实施

在干部人事制度完善的同时，机构改革也逐步加速。中共十四大前后，深圳被列为国家和省机构改革的试点城市，按照中央的统一部署进行行政机构改革。

1992 年 1 月 11 日，深圳市委、市政府召开动员大会，贯彻实施《深圳市机构改革方案》。这已经是改革开放深圳建立特区后进行的第五次机构改革。

1992 年 3 月，深圳市下发《关于印发深圳市直属机构改革方案要点的通知》。1993 年 9 月，市编委批复下发各部门"三定"方案。这次改革的重点是转变职能，理顺关系，减少政府对企业的微观干预，加强宏观调控。其基本内容有：加强党的领导，理顺党政关系；转变政府对企业的微观干预，理顺政企关系；转变政府对事业单位的管理职能，理顺政事关系；调整党政机关部门之间职能配置，理顺其相互关系；进一步划分市与区（县）的职能，理顺市与区（县）的关系；进一步发展社会中介组织，完善社会自我管理机制。改革后市政府工作部门调整为 40 个，市委工作机构调整为 8 个，群团组织调整为 5 个；机关工作人员编制 3077 名。经过本轮机构改革，市政府的机构为 40 个。① 精简的机构意味着办事程序的精简，从外资、民营企业到广大人民群众无不深受其益。

1996 年 8 月 16 日，深圳市委常委会讨论并通过《深圳市市属事业单位机构改革方案》，决定坚持政事分开、社会化和分类管理的原则，积极稳妥地推进事业单位的机构改革；采取逐步推进工资总额包干，住房、社会保险优惠，人员分流，保留离退休人员现行的经费供给渠道等一系列配套措施，搞好事业单位机构改革。11 月 6 日，市委、市政府召开市属事业单位机构改革动员大会，宣布并公布撤并单位名单。② 此举大大地提高了深圳行政效率，进一步方便了深圳人民群众的生活，并且对全国各地人才产生了很大的吸引力。通过机构改革，深圳市在优化管理体制方面走在了全国的前列，这对于深圳吸引优秀人才起到了很大的作用。

实践证明，特区党的建设是始终围绕党的中心工作推进的，本着一切服务于人民群众的原则，深圳党的执政能力不断提高，党的先进性不断与时俱进。深圳党组织作为改革开放和现代化建设领导的核心地位不可动摇。综合深圳市委市政府主导的各项制度改革，集中体现了如下两个方面的特点：

其一，深圳党领导下的制度改革的根本目的是适应深圳作为经济特区各方面较快发展的需要。20 世纪八九十年代的中国内地地方党委政府在制度改革这个问题上大多缺乏积极性，这些地方自上而下普遍表现出时代变革之际的不适应。因此，深圳作为改革开放的最前沿，能不能通过制度改革走出一条成功之路对于中国内地具有很大的带动作用。可喜的是，深圳根据中央统一部署，基于经济特区的使命、经济特区建设发展的实际需要，积极主动推进制度变革，改革具有很强的"自发性"，改革的内在动力强劲。

当然，深圳制度改革不断促进经济的发展并引领改革开放大潮这一事实也提升了继续制度改革的信心。

---

① 李榕根主编：《八大体系：深圳行政管理体制改革探索》，海天出版社 1998 年版，第 70—75 页。

② 深圳市史志办公室编：《中国共产党深圳历史大事记》，深圳报业集团出版社 2012 年版，第 240 页。

其二，深圳市委充分认识到党的先进性必须做到与时俱进。作为深圳经济社会发展的核心，深圳各级党委必须充分发挥领导作用，但党对经济社会各方面事业的领导并不意味着党要直接管理一切具体工作。为了避免政企不分、权力高度集中等问题，深圳积极探索，大胆实践，在取得成功经验之后，及时将成果以制度的形式固定下来，为深圳后续的发展提供长久的制度保障，同时也为全国其他地区提供了制度样板。

小　结

20世纪90年代是深圳经济社会发展的重要转型阶段，一方面，从农村到城市，从传统到现代，从单一到多元的变迁，深圳面临着时代的更迭、世界的冲击；另一方面，深圳已不可能再单纯依靠改革开放初期的特殊政策福利和区位优势，发展必须靠内在的动力、能力。深圳各级党组织积极进行了探索中国共产党在改革开放大潮下如何保持先进性的成功实践，提高了领导特区建设的能力，保证党的建设始终与经济社会发展要求高度契合，从而在深圳各方面建设中发挥领导核心作用，引领并保障了深圳经济社会的快速发展。

深圳党的建设是深圳特区发挥"试验田"和"排头兵"的重要体现。从深圳的改革实践来看，打开突破口是成功制胜的关键。深圳基层民主发展所带来的公民意识觉醒就是这样一个突破口。深圳最先成立了中国第一个城市住宅小区的业主委员会，有效地维护了居民个体的核心利益。如此的组织在契约的保证下对传统计划经济基础上的城市基层治理体制形成了强烈的冲击，也进一步带动了社会其他方面的发展。在此过程中，深圳市委显现出了高超的领导智慧，在具体问题上不严苛要求，在原则问题上毫不妥协，在坚决维护共产党对于社会主义事业和改革开放的领导权之上，灵活地将党的建设与时代要求相结合，用党建的创新为经济社会全面发展扫清了体制机制的障碍。

第三章 全方位推动党的建设科学化（2002—2012）

进入 21 世纪，中国进入全面建设小康社会、加快推进社会主义现代化的新的发展阶段。2002 年 11 月 8 日至 14 日，中国共产党第十六次全国代表大会在北京胜利召开。中共十六大报告指出，在我们这样一个多民族的发展中国家，要把全体人民的意志和力量凝聚起来，全面建设小康社会，加快推进社会主义现代化，必须毫不放松地加强和改善党的领导，全面推进党的建设新的伟大工程。为了贯彻落实科学发展观，率先基本实现现代化和建设国际化城市的目标，深圳把推进中国特色社会主义伟大事业同推进党的建设伟大工程结合起来，结合特区改革开放实践，不断加大党建工作力度，使党领导特区改革开放和现代化建设事业的能力不断得到提高。

第一节 加强思想建设，打造学习型党组织

党在思想理论上的提高，是党和国家事业不断发展的思想保证。中共十六大报告明确提出要把党的思想理论建设摆在更加突出的位置。深圳市认真落实中央要求，从学习理念、学习网络、学习制度、学习品牌、学习方式五个方面，大胆创新，逐步走出一条理论与实际相结合、学习型党组织与学习型城市建设相促进的新路子。

一 创新与时代发展相适应的学习理念

从 2002 年至 2012 年，根据中央和省委统一部署，深圳市委集中组织

学习党的十六大、十七大、十八大精神活动，开展学习"三个代表"重要思想、保持共产党员先进性教育活动，深入学习实践科学发展观活动等。通过这些活动，党员领导干部的政策水平和理论素养进一步提高，政治敏锐性和政治鉴别力进一步增强，贯彻党的路线方针政策自觉性进一步坚定。

深圳市委经过长期实践，总结思想理论建设的经验，树立了新的学习理念。2009 年，深圳市委做出"以解放思想为先导、全面创新特区发展思路"的重大部署，确立以学习出决策力、出执行力、出创新力的学习理念，切实推进全市学习型党组织建设，要求以市委中心组为龙头，带动各级党委中心组把每次集中学习当作部署重大决策、谋求新发展的推动力，在全市提倡和发扬"想干、敢干、快干"精神。

围绕"学习出决策力"，要求以市委中心组为龙头，带动各级党委中心组把每次集中学习当作部署重大决策、谋求新发展的重要推动力。决策正确与否，对工作具有决定性的影响。深圳相继做出的"中国特色社会主义示范市""和谐深圳效益深圳""国家创新型城市""加快转变经济发展方式""建设现代化国际化先进城市""深圳质量"等一系列重大决策，均是组织学习、调研的结果。每次重大决策都是不断学习消化吸收的过程，每次学习就是一次思想解放运动，是部署重大决策、谋求新发展的巨大动力。特别是深入学习实践科学发展观活动，组织了一系列战略性、前瞻性的重大课题调研，通过学习、研究，增强发现问题、解决问题的能力，贯彻实施《珠江三角洲地区改革发展规划纲要（2008—2020 年)》，制定出台《深圳市综合配套改革总体方案》，为推进深圳新一轮改革发展指明了方向，更加体现了建设学习型党组织的鲜明目标——提高谋划全局和决策的能力。

围绕"学习出执行力"，在全市提倡和发扬"想干、敢干、快干、会干"精神，要求各级党委把学习作为提高执行力的重要手段，寓工作于学习、寓学习于工作，并把重大决策部署执行情况纳入市管干部考评指标。尤其是通过全市深入开展干部思想作风大整顿和"服务年"活动，在坚持"特"、追求"好"、突出"新"、敢争"先"、立足"干"上狠下功夫，推进创新发展、转型发展、低碳发展、和谐发展，大力加强执行力建设。

围绕"学习出创新力"，结合深入开展解放思想学习讨论和学习实践科学发展观活动，在全市干部特别是领导干部中部署开展提高战略思维、创新思维、辩证思维"三维"主题活动。

同时，市委把学习作为加强党风廉政教育、示范教育和警示教育的重要手段，提高特区党员干部的免疫力，从根本上铲除滋生腐败的土壤，培育有利于反腐倡廉的文化土壤，使特区党员干部自觉培养高尚道德情操和健康生活情趣，始终保持昂扬奋发的精神状态，特区各级干部的免疫力大大加强。

二　构建与学习对象相对应的学习网络

深圳在建设学习型党组织中体现开放性、多样化，专门制定下发《进一步建立健全学习网络建设的意见》，提出加快建设面向未来、面向社会的多层次、全方位、立体化的学习网络体系，为实现领导班子、党组织和党员干部学习全覆盖提供保障。

（一）开展各级党委中心组学习

针对各级领导班子，开展以市委理论学习中心组为龙头的各级党委中心组学习。党委中心组学习，以建设学习型领导班子为目标，坚持理论学习与实际工作、加强领导班子建设、提高领导干部素质相结合，坚持共性学习与个性化学习相结合，通过一系列行之有效的方法，切实提高学习质量。各级党委中心组学习都强调"一把手"的高度重视和示范带动，采取专家辅导、集中学习、讲党课、电视电话会等多种形式，提高学习效果，不断增强领导班子的战略思维、科学决策的本领。

（二）开展大规模、全市性的学习活动

针对各级党组织，通过参加各种大规模、全市性的活动开展学习。参加保持共产党员先进性教育活动，使特区党员胸怀更加坚定的理想信念、肩负更加重大的历史责任、培养更高的促进发展能力、树立更好的党员形象，即争创"三有一好"（有理想、有责任、有能力、形象好）。深圳作为第一批学习实践活动试点城市，工作扎实、特点突出，取得了丰硕成果，为全省开展学习实践活动创造了新鲜经验。通过开展各种学习活动，各级党组织对科学发展观的认识更加充分，对争当实践科学发展观排头兵的认识更加深化。

（三）组织干部教育培训

针对各级党员领导干部，组织各级各类干部教育培训。市委党校始终承担着大规模培训干部主阵地的重要责任。2006 年，按照省委、市委的要求，将六区党校改为所辖分校。资源共建共享、教研共通共进的全市党校办学新格局初步形成。2009 年 6 月，深圳建立邓小平同志塑像广场、深圳革命烈士陵园、东江纵队司令部旧址、中共宝安县第一次党代会旧址、深圳博物馆新馆、深圳市中英街历史博物馆、南岭村社区 7 个党员教育基地。2012 年 11 月，又公布东江纵队司令部旧址等 8 个场馆为第一批深圳市党史教育基地。市委党校在 2003 年还与井冈山市委党校、吉安市委党校等革命红色资源比较集中的地区党校签订共建党性教育基地协议。深圳市还举办各类出国（境）培训班，选派党政领导干部、企业领导人员和科技人员分赴美、德、英、日、澳和中国香港等发达国家或地区进修学习，取得良好效果。进一步理顺了以组织部门牵头抓总、各职能部门分工负责的干部培训管理体制，构建了以各级党校为主阵地、国内外优质培训资源为补充的干部培训机构体系，初步形成了多层次、多渠道的大教育大培训工作新格局。仅 2010 年至 2011 年就培训干部 80 余万人次。

（四）将学习型企业与学习型党组织结合起来

针对非公有制经济组织，将学习型企业与学习型党组织结合起来。实现"两个覆盖"是党委组织部门抓好基层党建的重要工作。深圳市在外资企业和非公有制企业中建立党组织过程中坚持把"创建学习型企业"与"创建学习型党组织"结合起来，通过"创建学习型党组织，夯实民企党建基础"来促进企业发展。一是创建"学习型企业"。深圳市各级部门及非公有制经济组织企业主普遍把创建"学习型企业"作为企业建设的基础工作来抓紧抓好。很多企业党委都制定下发《关于开展创建"学习型企业"的若干意见》。二是运用网络媒体平台，创新学习方法。创新灵活机动的学习方法，全面促进学习型组织建设，这是非公有制经济组织建设学习型基层党组织的一大亮点。三是把构建企业文化纳入"学习型企业"的创建中。许多非公有制经济组织企业主创建"学习型企业"的切入点是企业文化的构建。

（五）开通党员干部现代远程教育系统

针对基层党员，借助党员干部现代远程教育系统进行学习。2008年7月1日，深圳党员干部现代远程教育系统开通，截至2011年，已建成终端站点近4000个，基本覆盖了目前所有活动场所的基层党组织。通过整合利用各方面资源，为基层党员提供丰富的学习内容。远程教育系统利用教学资源丰富的优势破解"学习难"问题，利用同步传输快捷的优势破解"集中难"问题，利用交流互动便捷的优势破解"参与难"问题，利用站点覆盖广泛的优势破解"督导难"问题，有效解决了集中教育活动的一些难题，在基层党员经常性教育中发挥着重要作用，成为基层党组织学习的重要载体。

三　健全与学习要求相配套的学习制度

深圳着眼于推进学习的科学化、规范化和长效化，以制度建设为抓手，不断创新和完善党员干部学习的工作体制机制。市委出台了《深圳市干部学习促进办法（试行）》《关于切实加强和改进我市各级党委（党组）中心组学习的实施意见》《2010—2020年干部教育培训规划》等文件，把干部学习纳入干部年度考核体系，作为干部考察、任职和职务晋升的重要依据之一，在全市形成了以市委中心组为龙头的党委中心组学习领导责任制和工作机制。构建由市委组织部主管，各单位各司其职，市、区分级管理的培训管理体制，形成了以市、区属"三支队伍"为主体，并向重点产业行业和"两新"组织等领域拓展的培训新格局。

四　打造与学习定位相契合的学习品牌

深圳努力打造了一批在全省乃至全国有影响的学习品牌，有力推动了全市学习型党组织的持续健康发展。主要学习品牌有：

（一）以市委理论学习中心组、"深圳学习讲坛"为代表的党委中心组学习品牌

党委中心组学习的定位是"学理论、议大事、转观念、出思路、建班子"，注重系统性和前瞻性，凸显高层次和高端化。同时，打造有特色、有声势的"深圳学习讲坛"，作为市委中心组学习平台。

（二）以"百课下基层"为代表的理论宣讲品牌

"百课下基层"活动始于 2005 年，每年一届，一届有若干场报告。该活动整合深圳市社科理论专家资源，从高端学术精英、学术型领导和基层宣讲人才三个层次，建立了一支高水准的宣讲队伍。活动让政策理论与群众更亲近，为推动党的理论宣传大众化、常态化，进行了有益尝试，为党的理论宣传探索了新的途径。深圳市委宣传部讲师团因该品牌活动被评为"全国基层理论宣讲先进集体"，受到中宣部工作表彰。

（三）以鼓励全民学习为追求的"深圳读书月"品牌

"深圳读书月"，是由深圳市委、市政府于 2000 年创立并举办的一项大型综合性群众读书文化活动，时间为每年的 11 月 1 日至 30 日。"深圳读书月"秉承营造书香社会、实现市民文化权利的宗旨，以"阅读·进步·和谐"为总主题，着力于提升市民素质，建设学习型城市，每年举办数百项读书文化活动，创出了深圳读书论坛、经典诗文朗诵会等许多知名品牌活动，年度参与人次逐年上升，由首届的 170 多万人次上升至逾千万人次。"深圳读书月"已经走进千家万户，融入市民生活，成为深圳市民的文化庆典，城市的文化名片和实现市民文化权利的重要载体，影响遍及内地和港澳地区。

（四）以提高城市鉴赏品位为目的的"市民文化大讲堂"品牌

"深圳市民文化大讲堂"是由中共深圳市委宣传部、深圳市社会科学联合会、深圳市文学艺术联合会、深圳市文化局、深圳广电集团、深圳报业集团、深圳出版发行集团联合主办，各区区委宣传部协办，深圳市社会科学联合会和深圳图书馆承办的大型公益性文化活动。自 2005 年 6 月推出以来，"深圳市民文化大讲堂"以"鉴赏·品位"为主题，以"弘扬人文精神，发展公共文化，丰富市民生活，提升城市品位"为宗旨，深受市民的欢迎，成为在全国有影响的文化讲坛品牌。

（五）以推进社科理论知识普及为使命的"社科普及周"品牌

"社科普及周"始于 2003 年，以向市民宣传普及社科知识为使命，通过举办一系列知识性强、传播面广、参与度高且群众喜闻乐见的活动，使广大市民掌握丰富全面的社科知识，提升了理论工作的影响力和说服力，已成为深圳市普及社会科学知识、传播主流文化的一大文化品牌。

（六）以"大家谈"活动为代表的基层党建品牌

活动以"发现先进典型、增强党员意识、树立良好形象"为主题，成为基层党建的新品牌、新亮点。

五　探索与主体需求相匹配的学习方式

深圳充分利用现代科技手段，建立形式活泼、寓学于乐、作用明显的学习模式，增强全市党员干部学习的实效性、针对性和影响力。

（一）大胆利用新兴传媒等各种先进手段，实现学习的网络化

注重网络培训、远程教育和电化教育，对培训机构进行信息化改造，对培训成果和特色课程进行深度开发，每年推出一批网络培训课程，完善深圳干部网上学院，逐步实现教、学、考、管的网上作业。

（二）增强学习的吸引力和实效性

党员教育由传统的灌输式向互动式转变，突出学习的主体性，通过加强国情民情体验、一线挂职、跟班学习、现场教学、基层蹲点等方式实施体验教育，如到井冈山进行革命传统教育，到宁夏"西海固"开展"三同"实践锻炼等。在 2012 年 7 月召开的全国党校校长会议上，习近平同志对深圳市委党校的"中青班三同实践锻炼"给予充分肯定；以研究解决工作中的重难点问题为载体，借助案例教学、行动学习、学员论坛等方法进行思维训练，培养和提升干部正确的角色行为能力、心理素质、沟通技巧和应变能力。

（三）开展党组织思想关怀和帮扶活动

建立党内思想关怀和帮扶机制，将党内谈心活动经常化，推行党员领导干部接待日制度，基层党组织负责人和党员领导干部带头定期与党员开展谈心活动，努力使基层党组织成为广大党员不断学习、追求超越、锐意创新的精神家园和战斗堡垒。

第二节　建强阵地，筑牢基层堡垒

2004 年 3 月，深圳首个社区党委在罗湖区翠竹社区成立。2004 年 9 月，深圳最后两个村——宝安沙井民主村、福永塘尾村同时挂牌成立社区

居委会，不仅标志着宝安、龙岗两区城市化改制工作全部完成，也标志着深圳成为全国第一个没有农村行政建制和农村管理体制的城市。从此，社区成为深圳市基层社会的基本构成单元，成为党的基层组织建设的主阵地。在新的形势下，如何发挥社区党组织在社区建设中的领导核心作用，成为一个亟待回答的课题。深圳市积极探索，努力构建区域化党建格局，以党建创新带动社会管理创新，积极探索建设和谐社会的有效实现途径。

一　全面推进区域化党建

2010 年 9 月，中共深圳市委通过了《关于实施扎根凝聚工程　全面推进基层党建工作区域化的意见》，决定以城市社区为基本单位，充分整合基层党建工作资源，加快推进基层党建工作区域化，力争用 3 年左右时间在全市形成条块联动、区域统筹的基层党建工作新格局。

（一）全面推行"社区综合党委 + 兼职委员"的组织设置形式

全市街道在原社区党组织的基础上，设立社区综合党委，在居委会、社区工作站、住宅小区管理处、业委会等组织中设立的党组织，辖区内规模较小的非公有制企业党组织、社会组织党组织，以及机关和企事业单位退休党员、辖区流动党员纳入社区综合党委管理。社区综合党委负责统筹、协调辖区内各类组织的党建工作，组织、协调辖区单位参与社区党的工作，负责对居住在本社区的机关单位在职党员进行备案登记管理，领导社区工会、共青团和妇女等群团组织工作，协调安排各级党代表、市、区委委员及各类党员在社区开展活动、服务群众、发挥作用，抓好综合党委自身建设。推行社区综合党委"兼职委员"制度，党组织隶属关系不在社区、在社区内有一定影响的驻区单位党组织有关负责同志，以"兼职委员"身份进入社区综合党委领导班子。兼职委员参与社区综合党委召集的社区重大问题的研究、讨论和决策，并负责组织动员本单位党组织和党员参与社区建设，协助落实需由本单位完成的社区相关工作任务。

（二）大力开展"五进社区"活动

一是市、区委委员进社区。建立市、区委委员联系社区制度，委员每季度至少 1 次到社区开展工作，重点就社区党的建设和基层基础工作进行调研指导。二是党代表进社区。实行市、区两级党代表包片定点到社区工作制度。党代表每个月至少 1 次到定点社区党代表工作室，接待、走访群众，听取群众心声、收集社情民意，宣传党的路线方针政策。三是机关党员进社区。实行机关党员在社区登记备案和积分管理制度。机关在职党员持全市统一的《机关在职党员社区联络卡》到所居住的社区综合党委登记备案，不转移组织关系，不参加社区党组织选举，不干预社区党组织重要决策和日常事务，但每季度须至少参加 1 次社区活动。机关在职党员可通过竞选，担任居委会成员、业主委员会委员和楼栋长，参与公共事务，服务社区群众。四是党员义工进社区。组织关系在社区的党员、定点联系本社区的各级党代表和党员领导干部、在社区备案登记的机关在职党员，按照自愿原则，依有关规定登记注册成为义工，由社区综合党委统筹协调，根据党员义工数量、专业特长、兴趣爱好和群众需求等，组织开展各种志愿服务活动。五是党群工作者进社区。每个社区配备 1—2 名专职党务工作者。专职党务工作者可从退休党员干部、党员社工中择优选配，部分也面向社会公开选聘。离退休老党员、在职党员和党建理论工作者发挥特长作用，自愿兼职担任社区党务工作者，壮大兼职党务工作者队伍。以"专职党务工作者＋兼职党务工作者＋群团组织工作者＋社工"模式，充实社区工作力量。

（三）健全区域化党建工作阵地

一是进一步健全党员（党群）服务中心。逐步健全区、街道、社区三级党员（党群）服务中心，配套建立相应的党建功能室，把组织活动策划、党员教育培训、党员志愿服务、党代表接访、流动党员管理、党员谈心谈话、党内互帮互助等纳入工作内容。不断完善各级党员（党群）服务中心的功能，在为辖区各类单位党群组织提供活动场地的基础上，逐步将其建成辖区党群组织服务群众和居民群众业余生活的重要阵地。二是设立社区党代表工作室。依托社区现有的党员活动室、党员（党群）服务中心等，在社区设立党代表工作室，作为各级党代表到社区开展接访群众等活动的阵地。本着方便接待群众来访、收集社情民意、意见建议跟踪办理、办理结果向群众反馈的原则，明确党代表工作室职责，加强党代表工作室管理，把党代表工作室建成党代表听民声、传民意、解民忧、聚民智、联系服务群众的固定平台。三是探索建立多种形式的阵地平台。运用"社区家园网"、社情民意数字化管理系统、党代表博客等网络工作平台开展社区党的工作，提高社情民意收集、转办、反馈的效率。加强党员干部现代远程教育社区终端站点的建设和管理，推进社区党员经常性教育。推广"社区党员议事会"、党员民主提案制等做法，定期组织社区党员、在职党员，围绕社区党建、党组织活动、社区管理和服务群众等事项，进行座谈讨论，积极建言献策，为党员搭建民主参与社区事务的平台。

二　开拓"两新"组织党建新局面

随着"两新"组织的快速发展，深圳"两新"组织的党建工作也逐步发展起来。深圳始终坚持把促进"两新"组织更好更快发展，作为党建工作的出发点和落脚点，紧紧围绕企业生产经营开展活动，努力使党组织、党员成为党的路线、方针、政策的宣传者，"两新"组织发展的促进者，劳资双方关系的协调者，政府与业主、员工的沟通者。深圳全市已形成市、区、街道和社区四级一体的"两新"组织党建工作管理体系，逐步探索出一套有效破解"两新"组织党建工作中一系列难题的经验做法。

（一）健全制度，完善体系，确保"两新"组织持续、快速、健康发展

1. 建立健全工作制度，构建长效机制

针对"两新"组织的特点，深圳先后制定了《中共深圳市委关于加强外商投资企业党建工作的意见》《深圳经济特区中外合资、合作经营企业党组织工作暂行规定》《关于加强私营企业、个体工商户党组织和党员管理的意见》《关于加强流动党员管理的意见》《关于加强行业协会党建工作的意见》《关于做好非公有制领域党组织党费返还工作的通知》《关于在全市各镇、街道和部分单位选配非在编专职组织员的通知》等20多个文件，从党组织的地位作用，党组织的组建、隶属关系，发展党员和党员教育管理，党费收缴使用，党务工作力量配备等方面，提出了相应要求。

2. 创新组建模式，不断扩大"两个覆盖"

针对"两新"组织类型多、分布广、规模不等、情况千差万别的情况，深圳在坚持和完善"单位管理"这一传统模式的基础上，按照条块结合、体内与体外结合、组织覆盖与工作覆盖结合的思路，探索实行了6

种党组织组建模式：一是单独组建，实行单位管理。对有 3 名以上正式党员、各方面条件具备的"两新"组织采取单独组建的方式，及时组建党组织。二是联合组建，实行属地管理。对因正式党员数不足 3 人不能单独组建党组织的"两新"组织，按照属地就近或业务相近的原则，联合组建党组织，把分散在各单位的党员纳入管理。三是依托新社会组织组建，实行行业管理。对行业特点比较明显的新社会组织，依托行业协会建立党组织，对党员实行行业管理。四是按档案管理关系组建，实行挂靠管理。在流动党员人事档案集中存放的市、区人事（劳动）服务机构成立党组织，对人事档案在这些机构的党员实行挂靠管理。五是片区组建，实行社区管理。在街道和工业厂区、商业楼宇和住宅小区等人员密集片区建立流动党员党组织，对零星分散的流动党员实行社区管理。六是"同乡村"组建，实行流入地管理。2007 年，深圳又开启探索构建"在同乡村建党，以党员带群众，以同乡管同乡，共建和谐社区"的党建模式。

3. 探索管理模式，创新组织管理网络

1995 年，深圳在全国率先成立了"两新"组织统管党委——市总商会民营企业党委；2003 年又成立市民营经济工作委员会（2009 年更名为市委新经济和新社会组织工作委员会），作为市委派出机构统一领导全市"两新"组织党建工作，同时在全市 6 个区两个新区和全部 57 个街道成立民营组织党（工）委。同时，在街道之下建立片区联合党委（党总支），2007 年 3 月和 6 月，人民南商业片区联合党委和财富广场联合党委先后成立。将辖区内所有非公有制经济组织纳入党建工作范围，构建了市、区、街道、社区四级归口管理体系，形成了横向到边、纵向到底、齐抓共管的工作格局。2005 年 7 月，深圳市留学人员（龙岗）创业园党支部经批准正式成立，留学人员的党建工作也纳入了市委党建工作的总体格局中。

4. 健全保障机制，确保党组织正常运作

在经费保障方面，深圳市委从 1998 年开始对"两新"组织实行党费全额返还制度，并规定市、区、街道党（工）委要从留存党费或财政经费中，对"两新"组织给予适当补贴。各级党委政府还采取各种扶持措施，加强活动阵地建设。截至 2010 年底，深圳全市共建立有为"两新"组织党员组织和党员活动、服务的"流动党员之家"197 个，总面积达 2.4 万平方米。在党务工作力量方面，深圳市、区两级党委从留存党费中开支，向各街道和部分单位选派党建工作专业组织员（非在职）；各区也从财政或留存党费中开支，选派党建工作专职组织员（非在编），党建工作指导员和党建工作联络员，重点开展非公有制经济组织党建工作。

5. 健全典型引领机制，形成新格局

从 2004 年开始，深圳按照领导班子好、党员队伍好、工作机制好、发展业绩好、群众反映好的"五个好"目标要求，在全市开展"两新"组织党建工作示范点创建活动，量化创建和考评标准，完善包括推荐上报、综合评审、媒体公示、命名挂牌等在内的创建程序。在创先争优活动的实践中，深圳深入挖掘和宣传不同类型、不同层次，看得见、够得着、做得到的典型，在全市范围确定了平安集团党委、研祥公司党委等 9 家联系点单位，各直属党委也结合实际，先后建立起 194 个"党建示范点"和基层联系点。

（二）创新载体，丰富内容，着力提升党组织在"两新"组织中的影响力、凝聚力和战斗力

1. 创新党员活动方式

根据"两新"组织的行业特点和组织目标，坚持"业余、小型、分散、灵活、务实、高效"原则，做到党的工作和企业生产经营两不误、两促进。各基层党组织从实际出发，围绕生产经营目标，采取开短会、个别谈心以及知识竞赛、演讲比赛、观摩学习等灵活多样的形式开展活动，通过建立党员责任区、党员示范岗等方式，激发党员的积极性和创造性，增强党员在广大员工中的影响。

2. 积极开展创先争优活动

坚持把创先争优活动融入"两新"组织发展的中心任务之中。一是围绕生产经营和管理开展活动，把创先争优活动融入"两新"组织的生产经营管理中。二是积极参与企业文化和文明建设，把创先争优活动融入"两新"组织的文化建设中。充分发挥文化"软管理"作用，引导广大员工树立敬业爱岗、忠诚企业的精神，建立正确的工作观、价值观和人生观。

三是引导"两新"组织业主、员工承担社会责任，把创先争优活动融入社会和谐建设中。

3. 开展"定责共建"活动，发挥党的基层组织优势

"定责共建"即董事会和党组织代表签订责任书，明确党组织参与企业决策、经营管理和文化建设等方面工作，以进一步确立党组织的政治核心地位。"定责共建"活动受到中央领导和广东省委的高度肯定，中央组织部主要领导在盐田"定责共建"经验汇报材料上做了重要批示。2010年11月，市委组织部组织召开了"定责共建"经验交流研讨会，在全市范围推广这一经验。

4. "双培双推"优化党员队伍结构

为更好地发挥党组织和党员作用，深圳提出了"双培双推"的党员发展培养理念，即把生产经营管理能手培养成党员、把党员培养成生产经营管理能手，把经营管理层中的优秀党员推选为党务工作者、把优秀党务工作者推荐进入经营管理层。通过双向流动、交叉任职，既可以最大限度地发挥党组织和党员在促进"两新"组织更好更快地发展中的作用，又可以使党组织和党员在更大范围内调动组织资源，让党组织在"两新"组织中有了更强的话语权。一是把生产经营管理能手培养成党员，凝聚优秀分子。二是把党员培养成生产经营管理能手，促进党员成才。三是把经营管理层中的优秀党员推选为党务工作者，扩展党组织发挥作用空间。鼓励"两新"组织中高层管理人员踊跃参加选举，并有针对性地把其中的优秀党员选拔到党组织班子中来。

（三）坚持和创新党内民主，探索和丰富党内基层民主实现形式

1. 基层党组织"双直选"

2005年，深圳尝试在"两新"组织党组织中进行党委领导班子换届直接选举试点工作。通过这种方式，不仅可以激发广大党员的主体意识，增强广大党员参与党内民主建设的积极性和主动性，同时，还可以把一批组织满意、党员公认、群众拥护的优秀人才选进党组织领导岗位上来。2008年，深圳市出台了《基层党组织公推直选试点办法》，要求非公有制经济组织党组织换届选举全部通过公推直选的方式进行。截至2010年底，超过240家非公有制经济组织党组织通过直选方式换届。2010年8月，中

央组织部主要领导在省委组织部上报的深圳开展公推直选经验介绍上做重要批示。

2. 设立候补委员制度

由于"两新"组织中党员较分散、流动性大，党的基层委员会容易产生委员缺额。为解决这一问题，市委"两新"组织工委从实际出发，创新地设立了候补委员制度，即基层党委在换届时经市委"两新"工委批准可设置候补委员，如果届中因人员变动等原因出现委员空缺，可以把候补委员直接递补为委员，这保证届中委员空缺直接替补，也保证了党委班子的稳定和工作的连续性。委员增补方式的创新，不仅简化了程序、节约了开会成本，而且保证了党委班子的稳定和工作的连续性，有利于基层党组织保持活力发挥作用。

3. 市党代表公推直选

深圳在认真总结基层党组织"双直选"成功经验的基础上，又将公推直选试点工作进一步提升到市党代表选举中开展。公推直选的主要环节有五个：推荐代表候选人、确定初步人选、确定预备人选、批复预备人选、党员大会直接选举。这种党代表选举方式，不仅使党章赋予党员的选举权、被选举权得到了充分的尊重，也使每个符合条件的党员都有推选党代表的权利，都有当选的权利和机会，更重要的是有效地拓展了党内民主，实现了组织满意和群众满意的有机统一，让那些想干事、会干事、干成事的党员代表通过推选走上建言献策、参政议政的前台，激活了广大党员正确行使民主权利、有序参与党内事务的热情与积极性，而且激发了基层党员参与党内事务热情，更好地发挥了基层党内民主，也更好地扩大了广大党员对党内事务的知情权、参与权、选举权和监督权。通过这样一种方式进行探索，将对推进基层党内民主发挥很好的示范和带动作用。继深圳五次党代会党代表试行"公推直选"后，深圳第五届政协委员在产生过程中，也采用了"公推直选"的方式。

三　深圳党建的基层新探索

（一）南山区——"一核多元"社区党建模式

南山区针对社区党员队伍快速增加、结构成分复杂，传统的党组织垂直管理模式形式单一、资源不能共享，社区事务繁多、党建力量薄弱等新情况，按照条块结合、优势互补的原则，以招商街道为试点，探索出以社区党组织为核心、社区各类基层党组织为主体、各类社会经济组织多元参与并充分发挥作用的"一核多元"社区党建模式。

1. 创新党组织设置方式

以成立社区党委（总支）为突破口，把社区内工作站、居委会、业委会、物业公司、农城化股份公司、"两新"组织中的党员及行政企事业单位的退休党员，纳入社区党委（总支）统一管理。同时，探索党组织共驻共建新方式，对社区内组织关系在南山的机关企事业单位的党组织和党员，实行"条块结合，双重管理"。社区党组织设置方式的创新，整合了社区利益主体的资源，各类社会组织和团体充分发挥自身优势，共同参与社区建设。

2. 创新领导班子配备模式

对组织关系不在南山的驻社区机关企事业单位党组织，其负责人以"兼职委员"身份进入社区党委（总支）。如南山街道月亮湾社区采取"综合党委＋兼职委员"模式，把社区内规模较大的妈湾电力股份公司党委和海星港发展有限公司党委负责人以"兼职委员"的身份进入片区综合党委领导班子。

3. 创新保障机制

建立《党员、公职人员共建和谐社区工作手册》和"党、公职人员服务社区登记卡、表现反馈卡"等制度，促使党员、公职人员主动服务社区、服务百姓。出台《南山区在职党员、公职人员"携手共建和谐社区"活动积分办法》，实行积分管理、量化考核，优化党员服务社区的动力机制。各街道不断完善队伍、财力、资金、监督等保障机制，各社区党委（总支）相应健全决策议事、沟通联系、工作考评等机制，确保各项工作良性运行。全区社区党建工作形成了"有人做事、有钱办事、有场所议事"的良好局面。

（二）盐田区——构建社区民意畅达机制

盐田区委通过建立社区民意表达工作室，发挥区"两代表一委员"的桥梁纽带作用，构建起顺畅的民意沟通机制。

1. 搭建民意联系平台，让基层党员群众"有地方说话"

一是以社区为单元设立民意表达工作室。在全区 22 个社区居委会全部设立民意表达工作室，同时加挂区党代表工作室、人大代表社区联络站、政协委员工作室牌子，设主任 1 名、专职秘书 1 名。二是采取网格化方式联系基层党员群众及企业。将"两代表一委员"按区域范围分配到各社区民意表达工作室，根据各社区人口规模、企业数量以及代表委员的构成情况进行适当调剂。按照各有侧重的原则，党代表侧重联系党员，人大代表侧重联系选区选民，政协委员侧重联系相关界别群众和企业。

2. 建立诉求代理机制，让基层党员群众"说话有人听"

一是"两代表一委员"成为"民情观察员"。各社区民意表达工作室开通社情民意专线电话，有条件的"两代表一委员"公布邮箱、开设博客、微博，及时、准确地收集、整理群众的意见建议。每位"两代表一委员"都有自己固定的走访日和接访日，每半年至少访问一次所联系的家庭或企业，每月至少安排半天时间到定点社区民意表达工作室接访群众。"两代表一委员"向党员群众发放服务联系卡，公布自己的身份和联系方式，方便党员群众随时与之联系。二是"两代表一委员"成为"民意代言人"。"两代表一委员"收集党员群众的意见和建议后，整理形成《社情民意登记表》。对所收集的意见和建议，能当场答复或解决的，就当场答复或解决；不能当场答复或解决的，由"两代表一委员"作为"代理人"，协助调解、处理或向有关部门反映并及时向群众反馈处理进展情况，争取把问题解决在基层。三是"两代表一委员"成为"民心守望者"。各民意表达工作室工作日期间每天下午都有"两代表一委员"到工作室值班，通过电话访谈、手机短信、现场约见、集体座谈等形式，开放式联系居民、党员和企业。

3. 完善民意调处机制，让基层党员群众"有事能解决"

一是统一协调处理基层党员群众意见。区委设立群众工作部，专配编制和经费，具体落实联系基层党员群众的有关工作，统一接转社区民意表达工作室提交的事项，督促检查转办事项的处理和反馈。二是认真反馈基层党员群众意见。区委区政府各部门在接到转办表后，按照"谁主管，谁反馈"和"谁提出，反馈谁"的原则，由相关责任单位向基层党员群众落实反馈工作，在规定时间内答复当事人，同时向区委群众工作部、有关的"两代表一委员"和社区民意表达工作室反馈。三是组织开展重大决策民意征询。基层党员群众向区委区政府提出的大量关于城市管理、交通、规划、教育、卫生等方面合理化建议，绝大多数得到相关部门的采纳。

4. 完善服务评议机制，让基层党员群众"有权去评判"

深圳市盐田区委探索建立自下而上、"两代表一委员"和基层党员群众共同参与的政府部门工作评价模式。责任单位办理党员群众意见建议的情况，统一由"两代表一委员"和基层党员群众去评判。各社区民意表达工作室设立群众评议台账，"两代表一委员"和基层党员群众对责任单位每次意见建议的办理情况评定等级，定期交区委群众工作部，年终进行汇总通报。同时，区委区政府还规定，在部门绩效考核和公务员年度考核工作中，增设"两代表一委员"和基层党员群众评议环节，其评分按一定权重计入考核总分，保障和扩大"两代表一委员"及基层党员群众的参与权和评判权。面对群众的评判权，各部门解决群众困难问题也由被动向主动转变，促进了服务型政府建设。

（三）宝安区——成立驻社区党委

2006 年 4 月，宝安区宝民社区成立了全省首个驻社区党委。驻社区党委围绕"服务群众、凝聚人心、优化管理、维护稳定"主题，积极整合资源、创新服务，形成了整体联动、和谐共进的区域化党建格局，有力推动了社区建设的健康发展。

1. 创新基层党组织设置形式，实现共驻共建共赢

驻社区党委成立后，社区重大公共事务均由党委集体讨论、研究、决定，在不改变各驻社区单位党组织隶属关系、不干涉各单位内部事务的情况下，将 16 个驻社区党组织和 300 多名党员凝聚团结到一个区域化党组织中，改变了过去社区党建以条为主、条块分割、独立运行的垂直领导体制，实现以横向协调、服务为主的共驻共建共赢，使驻社区单位由旁观者、局外人变成了参与者、热心人。

2. 创新工作机制，发挥党组织党员作用

驻社区党委通过定期召开党委会、建立党组织议事厅等方式，调动整

合社区各方面力量参与社区建设，扩大社区建设的参与主体，形成党员教育联管、思想工作联做、普法教育联抓、社区治安联防、社区环境联治、公共设施联造、弱势群体联帮、社区文化联办、社区文明联建、和谐社区联创的"十联"机制。驻社区党委建立党委委员分片联系驻社区单位党代表、党代表按选举单位联系党员、党员按责任区联系群众的"三联系"制度，主动听民声、传民意、解民忧，实现了"党员群众有呼声、党代表有反映、党组织有行动"的良性互动。开展"党代表责任岗"活动，把45名驻社区单位党代表划分为社区党建、资源共享、综治维稳、矛盾调解、文化建设、企业服务6个专业小组，经常开展"进百企访千户""四送三进"（送温暖、送平安、送法律、送服务，进小区、进企业、进家庭）等活动。2009年1月，深圳再次荣获"全国文明城市"称号，南岭村社区荣获"全国文明社区"称号。

3. 创新人才培养机制，使党员成为新时期群众的意见领袖

驻社区党委建立党组织与社会组织的双向人才培养机制，主要体现在两个方面：一是鼓励有能力的优秀党员通过民主选举的方式，成为社会组织的领导者。宝安区宝民社区有社区工会联合会、来深建设者服务中心、企业连心互助会、科学技术协会、老年人协会、出租屋业主协会、"五业"帮扶辅导站、慈善帮扶协会等社会组织，会长和负责人均由有威信的党员或入党积极分子担任，发挥了良好的社会效益。二是将社会组织中的活跃分子发展培养成为入党积极分子，吸收优秀的群众领袖加入党组织，以提高素质为重点，抓紧抓好党员队伍建设这一基础工程，加大在社会组织中的活跃分子和社会中有影响力的群众中发展党员的力度，引导他们向党组织靠拢。加大对社会中有影响力群众的教育培养力度，引导他们向党组织靠拢，为辖区经济社会发展做贡献。

第三节　加强作风建设，锻造特区干部好作风

良好的作风是我们党区别于其他政党的显著标志。高度重视作风建设是我们党的优良传统和政治优势，在革命、建设、改革的长期实践中，我们党之所以能够战胜各种困难，实现一个又一个奋斗目标，就是因为我们

党始终以优良作风赢得了最广大人民群众的拥护。我们党要长期执政，人民拥护是根本，群众工作是基础，优良作风是保障。丢掉了优良作风，就会丧失民心支持，就会动摇执政根基。深圳把不断加强党员干部的作风建设放在战略高度加以部署和推进，坚持改革发展的力度有多大，作风建设的力度就要有多大，把加强作风建设贯穿于深圳建设和发展的全过程。

一　以特区年度主题活动为主线来带动作风建设

集中开展教育实践活动是中国共产党建设的重要经验，也是一条重要规律。深圳在贯彻落实中央、省委部署的集中教育活动基础上，在年度确定作风建设的主题，以主题活动为主线，来带动作风建设。

（一）"特区干部好作风"建设活动

2007年，组织开展"特区干部好作风"建设活动。这次活动是在借鉴延安时期"边区干部好作风"建设活动的历史经验基础上提出来的创新型主题实践活动，强调在"特"字上下功夫，在"好"字上见成效，活动内容是重点开展"五抓五树立"：一抓精神状态，树立艰苦奋斗、锐意改革的风气；二抓良好学风，树立读书学习、思考钻研的风气；三抓尽职尽责，树立勇于任事、求真务实的风气；四抓民主作风，树立真诚互信、团结共事的风气；五抓廉洁从政，树立自重自正、干净干事的风气。在活动过程中，坚持"四个注重、四个贯穿始终"：一是注重抓学习，把统一思想、提高认识贯穿始终；二是注重抓整改，把敢动真格、务求实效贯穿始终；三是注重抓制度，把严格管理、严格监督贯穿始终；四是注重抓特色，把创新实践、展现风采贯穿始终。特别是在这次活动的动员会上，率先贯彻市委关于"说短话、发短文、开短会"要求，不设主席台，不介绍领导，谁讲话谁上台，一个全市性的重要会议只用时50分钟。2008年1月14日，"特区干部好作风"建设活动成果展在市民中心开幕，展示了一年来活动的成效。

（二）干部思想作风大整顿活动

2008年，组织开展干部思想作风大整顿活动。为切实解决党员干部队伍在思想作风、工作作风、工作责任心和工作干劲等方面存在的突出问题，市委先后两次部署开展干部思想作风大整顿活动。重点内容是开展

"四查四整顿四增强"：查思想作风，整顿心态疲沓、不思进取、脱离群众等不良风气，增强宗旨意识；查工作作风，整顿本位主义、消极被动、推诿扯皮等不良风气，增强大局意识；查工作管理，整顿贪图享受、投机取巧、管理松弛等不良风气，增强忧患意识；查工作落实，整顿作风浮漂、虚多实少、说多做少等不良风气，增强责任意识。在活动中，利用专题民主生活会、组织生活会等形式开展"案例剖析"，要求每个领导班子都要有一个问题案例、每个基层单位都要有一个问题现场，并结合各自的职能特点和工作要求，对问题进行逐个剖析，深挖产生问题的思想根源，同时有针对性地制定整改措施，杜绝类似问题的重复发生。

（三）"服务年"活动

2009 年，组织开展"服务年"活动。这次活动着重从六个方面来提升政府服务质量：一是增强服务意识。围绕加快发展这个大局，主动服务、超前服务、尽心服务，切实做到以服务企业保增长、服务群众保民生、服务基层保稳定。二是改进服务措施。进一步加强对宏观经济运行态势的监测，及时发现和解决经济运行中存在的突出问题；进一步加强对企业的扶持与服务，主动为企业送思路、送政策、送科技、送智力，帮助企业解决融资难、营销难、用工用电难等实际问题。三是创新服务方法。以"窗口式"服务为载体，落实首问负责制、服务承诺制、一次性告知制、限时办结制等制度，积极开设"绿色通道"和"直通车"，提供"一条龙"服务，开展现场办公、上门服务等，提高服务效率；最大限度地精简审批事项、简化审批程序、减少审批环节、优化审批链条、缩短审批时间，同时，加强跨部门业务联动，实行并联审批、联合办公、统一办理等方式，形成快速运转的审批通道。四是健全服务体系。重点围绕公共服务体系建设，整合行政服务资源，创新服务载体，完善市、区、街道、社区各级行政服务大厅（中心）、窗口单位、便民服务点的服务功能，健全行政服务大厅（中心）、电子政务、公众网络等服务平台，构建以行政服务大厅（中心）为依托的全方位、多层次、广覆盖的服务体系，切实为企业基层和群众提供方便快捷的优质服务。五是规范服务行为。开展行政执法事项清理，按照"公平、公正、公开"的原则，依法合理设置自由裁量幅度，规范自由裁量程序，公开自由裁量权限；坚持依法办事，依法行政，执政为民，做到服务到位不越位、指导不替代、帮民不扰民、服务不添乱。六是增强服务能力。强化机关作风建设，进一步端正服务态度，严明工作纪律，坚决纠正敷衍塞责、推诿扯皮等不正之风，着力解决责任心不强、工作积极性不足等问题，克服衙门作风和官僚习气。

（四）机关作风大提升活动

2010年，组织开展机关作风大提升活动。通过开展"四项活动"，促进机关作风大提升。一是开展深入学习贯彻胡锦涛同志2010年9月6日在深圳经济特区建立30周年庆祝大会上的讲话精神专题教育活动。引导广大党员干部把智慧与力量凝聚到深圳经济特区的新使命新任务中去，切实增强责任感、使命感和紧迫感，形成推动特区事业发展的强大动力。二是开展"百优处室"及"百优处室带头人"的"双百"竞赛活动。从建设服务型政府、民生型政府目标要求出发，在全市机关中筛选出175个处室参加竞赛活动。参赛的示范处室要通过对外公开承诺，优化服务流程，提高服务效能等方式，努力提升工作作风与质量，充分发挥引领带动作用；组织服务对象、党代表、人大代表、政协委员等对各单位竞赛的总体情况进行集中评议，对评定合格的处室，由市机关作风大提升活动领导小组命名授牌，并给予通报表扬。三是开展"党建特色组团"创建活动。按照争先创优创建"党建工作示范点"和争当"科学发展带头人"的要求，把有特点、有基础、有经验的基层党组织进行分类组合，形成党建特色组团，即创新型、服务型、活力型、民主建设型、廉洁高效型五种类型，各组团集中发力，立足自身实际相互学习、相互交流，形成学有榜样、创有目标、比有尺度、赶有动力的争先创优的党建氛围。四是开展"共享改革开放成果，引领健康生活方式"的主题文体活动。结合迎接深圳第二十六届世界大学生运动会（2011年8月），举办"首届市直机关运动会"，大力支持成立各类文化社团及兴趣活动协会。

二　以特区实际工作为中心来推进作风建设

（一）大力抓好学习教育，着力打牢作风建设的思想基础

一是加强理论学习。结合保持共产党员先进性教育活动，组织开展"优秀党课评选活动"，邀请权威专家对市直机关系统100多个单位"一把

手"的党课讲稿进行评审，并由专家对每一篇获奖讲稿进行点评和总评，然后编辑出版了《党员领导干部讲党课》一书。组织开展"加强党的先进性建设"征文活动。同时，大力抓好领导干部中心组理论学习。

二是弘扬"延安精神"，践行"深圳精神"，进一步增强党员干部的公仆意识。延安精神是党的优良传统和作风的集中体现，而以"开拓创新、诚信守法、务实高效、团结奉献"为主要内容的深圳精神，则是在新的历史条件下对延安精神的继承和延续，是延安精神在经济特区建设和发展过程中的发扬光大。大力弘扬"延安精神"，努力践行"深圳精神"，是深圳从过去"杀出一条血路"到现在"走出一条科学发展新路"对特区广大党员干部提出的迫切要求。为了将两种精神落到实处，集中开展了"二十个任字"教育，即任劳者任怨、任职者任责、任谋者任作、任事者任议、任为者任过、任绩者任累、任誉者任妒、任得者任失、任人者任难、任仁者任勇。"二十个任字"，就是强调领导干部要大兴坚持原则、敢抓敢管、尽职尽责、耻于失职、不为怯懦的风气。

三是围绕提高能力素质，大力开展学习思考型机关创建活动。在机关中营造人人爱学习、人人讲学习的氛围，同时大力促进在工作中学习、在学习中工作，着力提高机关党员干部的工作能力和综合素质。各级机关普遍建立了学习沙龙、读书论坛、兴趣小组等群众性学习组织，读书学习思考在机关中蔚然成风。不断加强培训工作，针对党员领导干部举办"都市计划"培训班，根据每年确定的培训主题，选派年富力强的局级干部赴国外进行学习深造；针对年轻处级干部开展"胜任力培训"计划，着力提高处级实职干部的履职能力；加大对一般党员干部的培训和轮训工作力度，确保有关学习培训任务保质保量完成。同时，还组织机关党员干部积极参加"深圳读书月活动"、聆听"市民文化大讲堂"等读书学习活动，使党员干部在全社会的学习中发挥带头和示范作用。

（二）坚持作风建设与中心工作同频共振，着力在求实效上下功夫

一是紧扣中心工作部署开展作风建设，使作风建设活动成为推动业务工作的有效载体。为了实现深圳在新的历史条件下，继续争当推动科学发展、促进社会和谐的排头兵的历史使命，在全市机关组织开展以落实科学发展观、构建社会主义和谐社会、全面加强党的建设"三个走在前面"为

主题的排头兵实践活动。2006 年 7 月 1 日，是中国共产党成立 85 周年的纪念日，深圳市组织数千名机关党员，积极参与"机关服务基层，党员服务群众"的"排头兵"实践活动、"'七一'统一行动日"活动，集中为基层群众解决实际问题。为应对国际金融危机对深圳经济建设形成的严重冲击，在全市机关组织开展"服务年"活动。

二是围绕提高政府服务质量抓作风建设，使作风建设活动的成效体现在为民办实事、使民得实惠上来。深圳在大力抓好"窗口办文""一站式服务""服务承诺制""首问责任制"和"绿色通道"等便民利民服务措施的同时，着力打造了一批有特色的服务品牌。如，罗湖区开通了全国第一家政府为老百姓创办的面向社区的"社区家园网"。盐田区全面试行政府"问题管理"模式，要求政府工作人员在工作中发现问题或者有好的建议，及时上报"网上问题库"，然后批转相关部门处理。自 2005 年开始，深圳把所有政府审批事项集中到行政服务大厅办理，让社会和群众可以在一个大厅完成所有审批手续，真正实现了"一站式服务"。

三是注重在深入基层深入实际中抓作风建设，使作风建设活动成为解决基层问题的具体行动。推进"十百千万"工程，每年组织安排市、区两级机关数百名党员干部，驻挂矛盾和问题较多的社区，帮助基层解决实际困难，通过艰苦细致的基层工作，锤炼党员干部的优良作风。组织开展与贫困落后地区的"结对帮扶"活动。如，2011 年在扶贫"双到"（规划到户、责任到人）工作中，开展与湛江、河源两市基层党组织联合开展创先争优活动，组织机关广大党员干部与对口扶贫地党组织联合开展党日活动，与当地党员干部群众同吃、同住、同劳动（"三同"活动）。

（三）坚持创新手段，强力促进作风建设

一是坚持用"新手段"抓作风建设。对市直各单位的党建工作和作风建设情况，先后组织开展了四次大规模的交叉检查活动，收到了良好的效果。在 2008 年的干部思想作风大整顿活动中，为确保作风整顿工作落到实处，组织力量进行了两次集中巡查，采取不打招呼、不事前通知、直接深入各有关单位的方式，通过查阅相关文件，进行现场巡视，随机与党员干部座谈交流，近距离了解各单位开展整顿活动的具体内容和进展情况。二是坚持用"硬手段"抓作风建设。在干部思想作风大整顿活动中，在全市各级机关组织开展"问题案例分析"和"问题现场剖析"活动,要求广大党员干部特别是领导干部,要结合"问题案例"和"问题现场",深入查找和剖析存在的问题及其产生的根源,深挖干部队伍思想作风方面存在的"安全隐患";同时,对查出的问题进行详细登记,并给出限期整改的意见建议,及时固化、细化责任,强化行政问责。

(四)坚持创新制度,全面规范作风建设

一是切实加强党员干部队伍管理制度建设,着力形成作风建设的长效机制。从2006年开始,深圳按照《深圳市非领导成员公务员考核办法(试行)》对机关非领导成员公务员进行考核。新的考核办法对旧考核办法进行了根本性变革,实行一级考核一级和经常化考核的制度,同时对考核指标进行细化和量化,使公务员考核更加科学、严格和规范。二是完善监督机制、强化责任追究,不断提高作风建设的实效性。2005年,组织开展"责任风暴"和"治庸计划"活动。全市各级机关都结合自身业务工作实际制定了责任体系明晰、岗位职责明确、责任追究有力的考核管理制度和监督机制,形成了责任追究的"闭环效应"。三是通过制度建设,进一步加强机关党务干部队伍建设。把配齐配强专兼职党务干部作为创新作风建设活动的重要前提和基础。由市委组织部出台文件对机关党员人数在100人以上(含直属行政事务编制在内)的单位全部配备专职机关党委书记,并作为副局级实职领导进入部门党组。党务工作专职化继续向街道层面下沉。2011年9月,深圳市宝安区龙华街道率先试点党务工作专职化。

三 以能否保持党同人民群众的血肉联系为试金石检验干部作风

加强作风建设的成效主要体现在践行为人民服务宗旨的具体行动中。能否保持党同人民群众的血肉联系,是评价党的作风建设的试金石。

(一)坚持领导干部接待群众来访制度,不断创新接访形式

一是坚持领导干部接待群众来访制度。从2002年开始,深圳市建立领导干部接待群众来访制度。市委办公厅、市政府办公厅专门下发《市委市政府领导干部接待群众来访制度》和《关于进一步做好各区和市直各部门党政领导干部接待群众来访日工作的意见》,对接访事宜做出明确具体的规定。同时,确定每月最后一个星期三上午为全市统一的领导接访时

间；对信访量大的单位，要求除统一接访时间外，要酌情增加领导接访日次数；当发生重大集体上访时，责任单位领导要及时出面接待上访群众，做好处置工作。深圳在全市统一领导接访日的基础上，又建立了领导干部值班接访制度，增加领导干部接访的密度和力度。市、区每个星期安排一名党政领导同志到市、区信访大厅值班，值班领导当值周内至少安排一天到市、区信访大厅参加接访活动，研究处理分管工作范围内的重要信访问题，处置当值期间的重大信访事项；街道每天安排 1 名领导值班，随时接待群众来访。

二是创建"直通车"工作模式。2005 年 12 月，市纪委、市监察局、市信访办、深圳特区报社共同主办了"直通车"接访活动和报道栏目，每周邀请一名市领导或政府部门、区的负责人作为嘉宾，现场接待群众来访，搭建了一个与市民直接对话的新平台；在《深圳特区报》开设"直通车"专版，并每天通过深圳明镜网、深圳新闻网两大网站建立"网络直通车"平台，以及专版开通的热线电话、电子信箱、传真、来函等渠道，广泛收集、报道、转达市民反映的问题和意见、建议，要求相关部门、单位在规定时限内解决落实。深圳市几套班子领导，各区、各直属部门"一把手"均担任过"直通车"的接访嘉宾，深入了解民情、把握民情，关注和解决老百姓最关心、最直接、最现实的问题。

（二）充分利用现代科技手段，方便群众表达信访诉求

一是搭建网上信访和手机短信信访平台。2001 年 3 月，深圳市开通"深圳政府在线"网上投诉系统，市民可通过互联网对政府机关及其工作人员工作作风、行政效率、依法行政、廉政建设等方面的问题进行投诉，提出意见和建议。2007 年"网上信访"工作开始在各区推行。2010 年 8 月 8 日，深圳市又开通了手机短信信访受理平台，进一步拓宽了群众信访渠道，使市民"信访"成本更加低廉，快捷便利地表达意见和诉求，群众来件答复率达 99%。

二是建设市政府 12345 公开电话系统。2006 年 9 月，深圳市政府决定在市长专线电话的基础上，高标准、分阶段建设市政府 12345 公开电话系统，逐步整合 44 个政府部门的公开电话，让群众打一个电话就能得到政府的贴心服务。2007 年 12 月 12 日，市政府 12345 公开电话正式开通，全

天 24 小时向市民提供普通话、粤语、英语服务，统一接听、受理、办理、答复；同时，建立公开电话系统资料库，将市政府各部门及各区的职能和对外业务编辑成统一规范的答案，并录入资料库中，大大提高了答复的准确率，缩短了答复时间。

三是打造市区街道三级信访工作平台。2009 年 11 月 19 日，深圳市、区两级信访大厅统一挂牌运行。12 月，市委、市政府办公厅又专门下发了《关于建立市区两级信访大厅的意见》。信访大厅根据工作需要，由政府职能部门派遣人员进驻大厅办公，负责处理本部门作为责任主体的信访事项，协调处理本系统管辖的可在大厅内处理的信访事项，保证一般信访事项能够在信访大厅现场解决。对进入信访大厅的信访事项实行五级联调：职能部门驻厅办主任直接负责调处本部门承办的信访事项；涉及多个部门的信访事项，由大厅值班主任召集相关部门负责人研究处理；对重大疑难信访事项，由大厅主任召集相关部门负责人研究处理；经上述调解会议协调未能达成一致的，由大厅提请市（区）联席会议审议；市（区）联席会议不能做出决定的，由市（区）联席会议提请市（区）委、市（区）政府审议。2009 年底，全市 57 个街道全部成立综治信访维稳中心，设立了专门的诉求受理平台，统一受理群众来信来访，与市信访大厅有机衔接，构成三级工作平台，形成市、区、街道三级有效配合的全市信访工作体系，进一步便利群众就地就近反映和解决问题。从 2009 年 6 月至 2011 年，全市街道综治信访维稳中心共受理矛盾纠纷 46132 宗，成功调处 44286 宗，成功率为 96.0%。

（三）为民排忧解难，大力推进信访案件化解工作

一是建立完善排查化解机制。立足于抓小、抓早、抓苗头，将全市信访矛盾纠纷排查化解工作纳入日常工作，主动发现各类矛盾纠纷，及时就地解决群众信访问题。2010 年，全市按季度组织开展 4 次矛盾纠纷大排查，共梳理出 151 宗重点案件交各区各部门办理。各区各部门结合不同时期的工作需要，在本区、本部门、本系统定期不定期开展矛盾纠纷排查化解工作，做到横向到边、纵向到底，不留死角。

二是实行领导包案协调处理重大信访案件机制。对重大疑难信访案件，按照"五包五定"的要求实行领导包案协调处理，即包思想教育、包

解决问题、包就地稳控、包劝返接返、包息诉罢访，定责任单位、定办案人员、定解决方案、定结案时间、定结案标准；并要求做到"四个亲自"，即亲自调查、亲自协调、亲自研究解决方案、亲自与上访人见面。2010年，市委、市政府10多位领导先后共主持召开了50多次包案协调会，推进案件处理，下访或约访信访群众40余次，形成会议纪要60余件。参加办理市领导包案案件的责任单位30多个，参与处理信访积案的各级各部门干部达1000多人次。

三是建立跨区域协调处理重大信访案件机制。由于深圳户籍人口与外来人口严重倒挂的特殊人口结构，大量信访案件涉及跨区域协调工作。深圳市以推进解决重大疑难信访个案为突破，摸索出一套协调处理跨区域重大信访案件的工作机制，为其他地方处理类似案件提供了重要借鉴。

四是加强政策研究，分类化解重大集体信访积案。对企业退休人员反映待遇偏低、房地产办证难等信访积案，市委市政府要求有关部门认真研究，在政策允许的范围内穷尽办法予以解决。2010年1月，市政府常务会议通过了《关于加强深圳市房地产历史遗留问题登记处理工作的若干意见》，为全市49宗房地产重点历史积案的处理提供政策依据。

（四）不断提高基层解决群众信访诉求的能力

一是大力推进社区自治。开展"阳光工程"居务公开和创建"六好"平安和谐社区活动，增强社区自我管理、自我服务的能力，从源头上让群众自己就能把矛盾纠纷解决。南山区从2007年开始大力推进"和谐社区建设"，把自治好、邻里好、治安好，楼栋无矛盾、邻里无纠纷、小区无上访，居民群众满意等与信访维稳工作密切相关的指标，列为和谐社区建设的目标。到2011年，全区90%以上的社区达到"六好十无两满意"的目标，72个社区被评为省级"六好"平安和谐社区。罗湖区建立由基层党组织牵头，党群组织参与社区治理的模式，整合社区工作站、居委会、业主委员会和物业管理公司的力量，夯实社区的信访维稳工作基础，形成了党委领导、政府主导、社会参与、市民互动的格局。

二是创建"一格三员——不和谐因素科学处理"模式。这一模式2008年首先在南山区蛇口街道试行。该模式将街道辖区内12个社区划分为80个网格，在每个网格配备协管员、管理员和督导员各一名，由社区综合协管员、社区工作站专职人员、街道挂点干部担任，分别履行排查、化解、督导的职责。为使"网格"运行更加科学，蛇口街道开发一套实用的软件信息平台，即"蛇口街道不和谐因素动态治理电子系统"，对"三员"工作情况实行网上管理、自动通报、动态考核，建立起责任明确、运作规范、监督到位、奖罚严明、快速高效的治理体系。该模式运作以来，实现了三个转变：从少数人做信访变为"大家捆绑"做信访、从职责不清变为人人责任明晰、从事后被动应急变为事前主动防范。

三是创建"一厅两用"模式。福田区将行政大厅和信访大厅进行资源整合，推行"一厅两用、一岗双责、联合管理、整体运作"的新机制。在信访大厅内，31个职能局的工作人员既要承担日常行政工作，又是各自职能局的接访人员，信访业务与行政许可业务做到流程不交叉，效率不减，服务质量不下降。同时，在大厅各接访窗口设立电子显示屏，标明接访人的姓名、单位等信息，还设立服务评价电子按钮，收集信访人对接访态度、办理结果是否满意的评价信息。将信访大厅和行政服务大厅捆绑在一起，在功能上进行整合，收到了"1＋1＞2"的成效。

四是创建"网上信访大厅"。2007年4月，罗湖区委区政府创办的"罗湖家园网"正式开通。该网站的主要功能就是为群众提供网上信访，把政府信访平台延伸到家庭，把家园网变成"网上信访大厅"，使群众足不出户就能轻松反映诉求。罗湖社区家园网开通后，群众要信访，只需在家里、在办公室、在网吧就可以通过互联网实施，还可以在任何地方通过手机上网实施。对群众在网上反映的诉求，各级各部门在尽可能短的时间内给予处理和答复，及时化解矛盾，消除隐患。据统计，从2007年至2011年，家园网点击率已超过730万人次，论坛发帖5万多篇，各级各部门的回帖10万多条。其中网民反映的各类问题共5600多个，政府部门回复率近95%，问题化解率达75%以上。而同期到区里的上访量716宗，平均每天不到1宗，绝大多数问题通过家园网已经及时化解。

第四节 深入开展反腐倡廉建设

严厉惩治腐败，始终是中国共产党人的鲜明政治立场。深圳在经济社会快速发展的同时，也面临着更为严峻的反腐败形势和压力，因此，深圳在大力实施改革开放的同时，也一直高高举起反腐败的利剑。

一 加强反腐倡廉的制度建设

（一）实施《深圳市反腐保廉预防腐败体系》

2002年1月，深圳出台并实施《深圳市反腐保廉预防腐败体系》，探索在市场经济条件下预防和解决腐败问题的有效办法，坚持以腐败易发多发的重点领域和重点部位为防范重点，实现反腐败工作由侧重治标向标本兼治、加大治本力度的转变。该体系从合理配置权力、健全公共财政、完善用人机制、完善廉政法规、健全监督机制、加强教育防范、强化组织保障7个方面构建深圳反腐保廉的制度体系，提出初步建立起适应社会主义市场经济体制的反腐保廉预防体系，使反腐保廉工作走向系统化、法制化、规范化，促进党政机关廉洁高效，有效遏制消极腐败现象。从具体内容上看，该体系主要包括如下方面：

1. 建立和完善公共权力的配置机制

健全行政权力的"退出"和"强化"机制，充分发挥市场配置社会资源和中介机构、行业协会管理社会事务的作用；推进国有企业改革，形成结构合理、配置科学、程序严密、相互制约的公共权力体系，最大限度减少权钱交易的机会；完善社会资源的市场化配置，经营性用地公开招标和拍卖；实现靠政府部门的市场中介机构必须全面脱钩；优化国有企业的治理结构，加快国有经济布局的战略性调整，使国有资本从一般竞争性领域退出。

2. 建立和完善公共财政的管理机制

通过强化政府对财政的宏观调控和约束力，杜绝"小金库""账外账"和福利待遇分配不合理等现象，增强财政收支的透明度，从财源上遏制腐败。具体措施包括推行和完善行政事业单位的收支全部纳入部门预算管理；实施国库集中收付制度，健全国库单一账户体系，逐步取消行政事业单位收款过渡账户和经费拨款账户；党政机关、财政拨款的事业单位，由政府授权行使收费或罚没职能的事业单位和其他公共机构，实行会计集中核算制度；健全政府资助、补贴制度；规范行政性收费；完善政府投资管理制度，建立政府重大投资论证会制度，严格执行重大投资决策失误追究制；规范政府采购行为；加强国有资产管理完善企业预算管理；改革党政机关工作人员的福利制度。

3. 建立和完善公平择优的用人机制

通过健全公平公正的录用、晋升制度和绩效考核制度，实现干部工作规范化，从制度上防止和克服用人上的不正之风。具体包括推进公开选拔制，逐步扩大党政机关、事业单位和国有企业领导职位公开竞争的数量和范围；实行任用干部无记名票决制；完善干部考核制度，严格按规定进行年度考核、届中考核和届末考核；建立领导干部"能下"的相关制度；完善领导干部交流制度等。

4. 建立和完善法制约束机制

推进政府行政行为的法定化；加强规范市场经济秩序的立法；完善公职人员的行为准则和道德规范；严格执法执纪，加强对执纪执法情况的监督检查；继续纠正部门和行业不正之风。

5. 建立和完善监督管理机制

包括健全党代表活动制度，充分发挥党代表的民主监督作用；强化对各级主要领导的监督管理，完善领导班子决策、执行、监督相制约的工作机制；完善人大监督机制，依法认真开展预算监督和经济工作监督；加强政协的民主监督；强化纪检监察机关的监督职能，按照"对口设置、集中派驻、统一领导"的原则，加强纪检监察派驻组的建设；建立特种审计制度，开展政府采购审计、重大工程审计、政府收费审计、基金管理审计、国有企业改制审计及经济案件审计等；强化公众监督；健全信用制度，推进个人信用体系建设；加强新闻舆论监督；推进电子政务系统的建设和应用，提高政务活动的效率和透明度；建立廉政测评预警机制；完善信访举报制度。

6. 建立和完善教育防范机制

加强廉政宣传教育，扩大宣传教育的覆盖面，增强宣传教育的针对性、有效性，着力培养廉政主体的良知良德良能，遏制腐败动机，营造"廉荣腐耻"的社会氛围。

7. 加强对建立和完善反腐保廉预防体系的组织领导

市委党风和廉政建设领导小组对预防腐败工作实施统一领导，把预防职务违纪违法犯罪工作纳入反腐保廉预防体系。

（二）开展反腐倡廉立法协调工作

2003 年，深圳市纪委、市人大办公厅、市政府办公厅联合发布了《关于加强深圳市反腐倡廉立法协调工作的意见》。该《意见》明确规定：凡市人大、市政府及其部门拟制定的重要法规、规章和规范性文件，市政府拟出台的重大改革措施或重大投资项目的决策，应征询市纪委在反腐倡廉方面的意见，从而使预防腐败工作更好地寓于重大改革和政策法规之中。2009 年，国家预防腐败局正式将制度审查试点任务赋予了深圳。此外，深圳特区还相应规范了其他反腐倡廉的制度，创新监督方式。如 2002 年，首先采用政府绩效审计项目。把人民群众关心的、财政投入大的、容易产生贪污腐败的政府部门和投资等项目作为政府绩效审计重点，建立政府部门和投资项目资料数据库、实行专家评审制度、政府绩效评价和考核指标体系，对它们进行绩效审计和评价，从而达到考核和监督的目的。据统计，2002 年至 2007 年，市统计局累计完成了 45 项政府绩效审计，其中，2002 年 1 项，2003 年 4 项，2004 年 8 项，2005 年 12 项，2006 年 10 项，2007 年 10 项。开展政府绩效审计项目工作，增加了政府行为的监督手段，促进了行政监督方式的完善。

二　构筑反腐保廉预防监管的体制机制

（一）成立效能监察室和腐败预防研究室

2001 年，深圳市监察局效能监察室成立，这是全国第一个专司效能监察职能的机构。效能监察室以健全职责体系、审批体系、执法体系、服务体系、监督体系、奖惩体系"六位一体"的行政责任体系为重点，进一步加快制度建设，把效能建设和效能监察工作推上新的台阶。2002 年，成立了腐败预防研究室，主要职能是负责落实反腐保廉预防体系总体思路的检查督促工作；对市委、市政府的重大改革措施和政策的贯彻执行情况进行检查监督，提出预防腐败的意见和建议；对查结的大案要案进行政策性研究，查找漏洞，分析原因，向有关部门提出预防腐败的立法或建章立制的建议；负责市纪检系统有关治理腐败的规定、制度的研究、制定工作；开展预防和治理腐败的理论调查研究；负责市反腐保廉预防工作小组的日常工作。

（二）实行纪检监察派驻体制

从1998年开始，深圳市探索纪检监察直接领导派驻体制，推进深圳经济特区的反腐倡廉建设。成立派驻组以前，深圳市直机关部门和市属局级事业单位的纪检工作，归口市直机关纪工委负责，监督工作遇到许多困难，如监督人员分散，工作难以落实；监督体制不顺，工作难以到位；监督效能低下，开展工作难；领导机关力量薄弱，工作容易顾此失彼。为此，深圳市纪委、市监察局对市直机关监督机构和人员的设置进行了探索和改革，相继成立了政法与行政执法、计划与财贸、建设与交通、科教文卫系统、市管金融和社会系统、市管国企、建筑工务署、市法院、市检察院九个派驻组。

1. 推进设置方式创新

从设置方式和运行机制上看，深圳市纪检监察派驻机构主要体现四个特点：（1）实行直接领导。实行纪检监察双派驻的派驻组，由市纪委、市监察局直接派出和领导，所有派驻机构人员的行政关系、工资福利、后勤保障以及日常工作安排、工作考核、职级晋升等都与驻在部门完全脱钩，由市纪委直接负责。（2）实行重点派驻。坚持党风廉政建设的重点难点热点在哪里，派驻机构就设置到哪里，注重加强对人、财、物、权等重点部门和腐败现象多发易发单位的直接监督。坚持系统派驻与单独派驻相结合，政法与行政执法（9个单位）、计划与财贸（8个单位）、建设与交通（6个单位）、科教文卫系统（7个单位）、金融和社会系统（8个单位）五大块，依次由派驻一至五组分别负责，实行系统派驻，分类监督。而市国资委、市建筑工务署、市中级人民法院、市检察院等单位，则实行单独派驻，单独派驻纪检（监察）组组长还兼任驻在部门的党组成员，参加驻在部门的党组工作，实行直接进驻，重点监督。（3）实行异体监督。改变监督主体与监督客体之间的从属关系，实行直接管理，异体监督，确保工作更加超脱，监督更加权威，避免下级监督上级、同级监督同级带来的权力干扰和情感束缚，在监督机制上实现了由主要依靠各单位内部单向监督，向上下有机结合的立体式监督转变；在监督内容上实现了由以专项监督检查为主，向经常性监督检查的全方位监督转变；在监督方式上实现了由查处案件为主的事后被动性监督，向以预防为主的事前主动性监督转变。这种监督主体与客体处于不同利益之上的异体监督，有利于克服利益共生、监督乏力的弊端，是党内监督与行政监察的有益补充。（4）实行规范运作。根据《党内监督条例（试行）》等党内法规制度，深圳市纪委明确三个层面的关系，规定了两个方面的职责，出台了一个工作规则，制定了五项日常工作制度，从制度层面规范了派驻机构的日常工作。

2. 强化派驻纪检组职能

各派驻组成立以来，全面履行纪检监察双重职能，充分发挥各自优势，不仅有效解决了过去各单位纪检组办案难、监督难和预防难的现象，而且通过带动驻在部门的廉政建设，推动了全市反腐倡廉建设的深入开展。（1）坚守"阵地"，增强办案合力。通过派驻组坚守"阵地"，不仅处理来信来访更加及时有效，而且查处案件更能克服阻力，排除干扰，改变了驻在部门发现案件难、查办案件更难的现象，形成了案件检查部门、派驻机构和驻在部门纪检监察组织共同办案的合力。（2）贴近"前沿"，推动治本工作。派驻组充分发挥贴近反腐败工作前沿的优势，始终瞄准驻在部门"人、财、物、权"等腐败易发多发的重点领域和重点部位，采取综合手段，加大预防腐败力度。（3）服务中心，强化检查监督。各派驻组紧紧围绕市委、市政府和市纪委的中心工作，积极转变"为监督而监督，为办案而监督"的思维定式，牢固树立为经济建设和科学发展大局服务、为驻在部门党风廉政建设服务的理念，注重处理好监督与服务的关系，坚持在监督中体现服务，在服务中贯彻监督，积极主动地为驻在部门排忧解难，协助驻在部门更好地完成市委、市政府部署的工作任务，共同推动经济社会持续、科学发展。

在对市直机关进行派驻监督的基础上，2009年，派驻监督开始向基层延伸。2009年12月，宝安区纪检监察派驻机构正式揭牌，这是省纪委确定的基层纪检监察机构改革的两大试点单位之一。改革后，派驻机构受区

纪委监察局直接领导。在这次改革中，宝安区采取两种派驻模式：向 10
个街道派驻 4 个纪检监察组，在区直部门按职能设置 3 个派驻组。派驻纪
检监察组工作重点集中在办案、纠风和监督三方面。这种运作新模式，势
必大大加强派驻纪检监察组的监督力度。

（三）加强对"一把手"的监督

监督并打击"一把手"的贪腐已成为反腐败斗争的艰巨任务和重点。
一方面，一把手的监督难度很大，一把手腐败产生可以出现在权力的各个
领域、各个环节上，如财务审批、选人用人、民主集中制、权力运行等。
另一方面，一把手腐败比其他主体的腐败更具隐蔽性，许多一把手的岗位
成为腐败的重灾区或高危岗位。由于体制问题仍没有根本解决，使对领导
干部、特别是一把手的监督制约失控，出现"上级监督太远、同级监督太
虚、纪检监督太软、下级监督太难、新闻监督太弱"的现象。

2009 年 11 月 17 日，深圳颁布并实施《关于加强党政正职监督的暂行
规定》，深圳特区对各级党政"一把手"的权力进行了分解，并设定了清
晰的"禁区"，使对"一把手"的监督制度化和法制化，建立起了监督和
保护党政"一把手"的制度屏障。

1. 制约"一把手"的干部任用权

干部的任用要经过民主推荐、考察、全委会票决等一系列程序，在提
名、票决、酝酿等关键环节，建立了票决制、个人推荐实名制、个别酝酿
制、个人有关事项报告制、选拔任用程序纪实制和工作表现档案制等制
度。明确要求加强对申报住房、投资等财产状况和配偶、子女从业及出国
（境）定居等个人有关事项的考察，凡配偶和子女非因工作需要均在国
（境）外定居或者加入外国国籍或者取得国（境）外永久居留权的公职人
员不得担任党政正职和重要部门的班子成员。

2. 约束"一把手"的领导决策权

规定要求对重要工作部署、重大项目安排、干部任免、大额资金使用
进行集体决策，个人不得擅自改变集体研究决定的事项。党政正职在议事
中应末位表态。在领导班子分工中，党政正职不具体直管人事、财务、审
批、执法等事项，明确由班子其他成员协助正职分管。党政正职着重对班
子其他成员具体执行情况进行监督，发现问题及时纠正，必要时行使否决

权。为切实履行监督职能，班子成员中的纪（工）委书记、纪检组长或纪检（监察）派驻组组长不分管人事、财务、审批、执法等事项。

3. 约束"一把手"的自由裁量权

规定要求党政正职应对上会议定事项严格把关，对以集体决策之名规避责任的议题行使否决权。尤其是对于违反国家法律法规的行政审批、行政收费等事项，违反条例的干部任用事项，为单位和个人谋取不正当利益事项，违反办理标准和程序的工程招投标、国有土地使用权等事项等。对不得列入会议决策的违法、违规事项做出决策的，应予以撤销。

4. 强化纪委对"一把手"的监督

纪检监察机关有权对党政正职违反党纪政纪方面的苗头性、倾向性问题进行警示和提醒；对信访反映其与请托人有私下交往的，纪检监察机关要及时进行"打招呼"教育。对社会关注的建设工程、土地管理、政府性专项资金等行政审批事项，除依法需要保密的外，应公开或公示，并报市纪检监察机关派驻机构备案。2011 年 11 月，深圳出台《深圳市市级财政专项资金管理暂行办法》，制度的牢笼进一步扎紧。

三　营造反腐倡廉的良好社会环境

（一）推动廉政文化发展

2002 年，深圳首次提出了"廉政文化"的概念，并组织开展廉政文化的研究和建设。2006 年 3 月，深圳出台了《深圳市关于进一步加强廉政文化建设的意见》，廉政文化建设步入规范化的发展轨道。2011 年 7 月 17日，深圳市正式发布《关于建立廉洁城市的决定》。

1. 从教育到文化，在工作理念上实现新的突破

廉政文化是构建惩治预防腐败体系的社会人文基础，是建设和谐社会的公众心理和行为习惯的内在要求。从廉政教育到廉政文化的转变，是反腐倡廉建设工作理念的突破和升级，呈现了各级领导高度重视、各部门鼎力支持、市民群众广泛参与廉政文化建设的新局面。

2. 从机关到全社会，在工作领域上实现大的拓展

深圳廉政文化上影视、上舞台、上电台、上报刊、上网站，进机关、进家庭、进学校、进企业、进社区，在工作领域上有了大的拓展，全方

位、多渠道地培育和推广廉政文化。特别是新闻媒体全方位打造了四个宣传精品栏目，于深圳特区报、深圳电台、深圳电视台和互联网分别创办的《直通车》《民心桥》《廉正直击》和"深圳明镜网"，在全社会形成了较强的影响力，营造了良好的舆论氛围。《民心桥》的收听率在深圳广播电台节目中居第二位；《廉正直击》的收视率在深圳电视台专题类节目中高居第一位；"深圳明镜网"日访问量近万余人次，访问总量已达660多万人次；《直通车》2006年一举荣获中国新闻奖栏目组一等奖，日本NHK电视台曾详细介绍《直通车》的经验。

3. 从虚到实，在工作方法上实现质的飞跃

廉政文化注重工作方法上的务实创新：（1）更加注重规范化。出台廉政文化实施意见，对廉政文化建设进行了长远规划和规范，对廉政文化进机关、企业、学校、家庭、社区活动做了具体分工，明确了活动内容、工作重点和建设目标，注意用制度去落实廉政文化，使廉政文化建设有章可循。（2）更加注重精细化。注意从文化角度上精心策划、精心运作，力求出精品、出特色、出亮点。如在全市开展的电梯廉政公益广告宣传，每期作品都经过精心设计，保证期期上档次，期期出精品，深受干部群众好评。（3）更加注重结合渗透。文化具有相融性、渗透性。每年全市在集中组织一两项大的活动以营造廉政文化的强势氛围的基础上，大量的精力是把廉政文化建设融入渗透到其他工作中去，一道去做。（4）更加注重社会效应。"深圳明镜网"以网上直播、在线互动的形式，举办了多期"E线说廉"主题活动，领导和嘉宾就廉政文化建设、解放思想大讨论等话题，与广大网民进行交流探讨，参与观看和互动的网民达到10万多人，许多网民发帖子谈感受、提建议，气氛非常热烈。通过廉政文化的传播，一些先进的廉洁思想和理念逐步在人们的头脑中扎根，对深入开展反腐倡廉工作，提高党员干部拒腐防变能力，培育良好社会风尚，都有着强大的推动力。

（二）全方位制约权力运行

产生腐败的重要原因在于权力缺乏约束和监督。深圳通过推动行政审批改革，大幅压缩审批、核准事项，大大降低政府官员利用职权进行的寻租行为，建设有限政府；通过推进点子监察改革，对行政审批工作进行全

程实时监控，有效发挥电子监察的"督查队"作用，建设电子政府；通过打造阳光政府，构建行政权力网上运行机制，构建一个权力透明，方便监督的政府运行体系，建设透明政府。

加强对决策权、执行权的制约监督，保证政府机关依法履行职责。完善各类公开办事制度，进一步提高政府工作透明度。重点加强对领导干部的监督，健全质询、问责、经济责任审计、引咎辞职和社会群众广泛参与的制度。2009 年，深圳市委常委分别带队，对各区和市直局级单位落实党风廉政建设责任制情况进行全面检查。据有关部门透露，全市纪检监察机关对69 名党员干部进行打招呼教育，对 32 名局级干部进行函询，对 23 个单位、208 人实行行政过错责任追究。据媒体报道，2009 年全市纪检监察机关共受理群众信访、网络举报 4763 件次；新立案 172 件，其中大要案 101 件，涉及局级干部 6 人、处级干部 32 人。深圳还设立了 13 个"政风监测点"，成立了市委明察暗访机关作风小组，根据网民、市民的投诉，组织明察暗访560 余次，对 9 名违反作风纪律规定的公职人员进行了严肃处理。

从 2005 年 7 月起，深圳所有党政机关公务员统一津贴发放标准，所有党政机关公务员的薪金及补贴都由财政统一支出，公务员薪金与补贴将根据不同的级别区分，但同级别的公务员不管在哪个部门工作，薪金和津贴全部统一。并规定，全市公务员实行"统一津贴"后，任何部门私自向单位干部职工发放的任何形式的钱物补贴都属违规，一经发现，单位会计、会计主管以及单位"一把手"都将受到下岗的处罚。这样一来，公务员津贴补贴发放混乱现象得以遏制，同时也大大降低了由于财政支出不规范引发的腐败行为。

第五节　不断推进特区党的建设制度化

党的十六大报告指出，加强和改进党的建设，一定要把思想建设、组织建设和作风建设有机结合起来，把制度建设贯穿其中。深圳在党的建设中，不仅在实践中勇于开拓探索，而且逐步健全制度，不断将实践成果固化为制度成果，建立管党治党的长效机制。

一 深圳特区党内民主的实践

（一）公推直选

1．"两新"组织"公推直选"

2005年，新创维电器（深圳）有限公司党委开展直选试点，采取"三推"（组织推荐、党员联名推荐、党员个人自荐）方式提名候选人，通过"一选"（全体党员对候选人提名名单进行初选）方式确定候选人初步人选。书记、副书记选举先由全体有表决权的党员以无记名票决方式选举产生书记、副书记候选人，后分别提交党委和纪委第一次全会，以无记名票决的方式进行差额选举产生。

2．社区党组织的"公推直选"

2008年，全市社区党组织换届全面推行"三推一评一选"办法。583个应换届党组织中的484个，由党员大会直接选举产生委员和书记、副书记，占83%。2010年至2011年，全市大力推进区域化党建工作，全市632个社区工成立383个社区综合党委（总支），新成立的社区综合党委普遍采取公推直选方法产生。

3．党组织"公推直选"

2008年4月16日 深圳市首次机关事业单位党组织"双直选"在罗湖区举行。2008年6—7月，全市30多个面临换届选举的机关党组织，包括市委组织部直属机关党委、市监察局机关党委在内的6个党组织进行"公推直选"的改革试点。在试点取得经验的基础上，2010年3月，深圳正式出台了《深圳市基层党组织领导班子成员公推直选暂行办法》，在全市范围基层党组织换届选举中全面推行公推直选。

4．党代表"公推直选"

深圳党代表公推直选的广泛试点，在落实党员主体权利、扩大党内竞争、提升党内活力以及优化党内选举机制等方面做出了有益探索，成为深圳特区党建工作的一大亮点。

（二）党代表常任制

1．党代表"年会制"

区党代表的任期与区党代表大会任期相同，党代表履行职权由过去的

"一次性"变为经常性。区党代表大会在五年召开一次的基础上，同时在每年召开一次年会。

2. 党代表调研、视察、评议制度

党代表在党代会闭会期间，围绕全区重点工作，群众关心的重点难点问题，党建与经济发展中的重大问题开展调研；也可以对区委、区政府的组成部门，工青妇等群众团体，以及各级党组和基层党委进行工作视察，并可以就视察结果提出建议、批评、意见和询问；党代表还对区委和区纪委工作部门、派出机构以及群众团体组织的工作情况进行评价和审议，通过无记名投票表决方式进行测评，区委就评议结果对评议部门进行奖惩。

3. 党代表提案制度

宝安区党代表 10 人以上或以党代会代表团的形式，通过填写《区党代表提案表》，向区委建言献策。这些提案经分类后提交大会主持机构审议；三个以上的代表团或五分之一以上区党代表联名提出的提案，一般应列入大会议程。区党代表先后提出的意见建议均得到办理落实，区党代表反馈满意和基本满意率达到 100%。

4. 党代表进社区活动

从 2006 年开始，宝安区党代会常任制进行了一项新的探索，建立驻社区党委和党代表社区工作室，让党代表走入基层社区，发挥党组织在社区工作中的领导、协调、整合、沟通与凝聚作用，以及党代表的先锋模范作用。

二　推进干部人事制度改革，把各方面优秀人才集聚到特区发展的各项事业中来

深圳在党政干部的选拔任用机制上做了许多大胆的探索突破，成效斐然。其中具有重大意义的创新点可归结为如下几个方面：

（一）选贤任能，不断优化干部选拔机制

在改革开放早期，深圳经济特区通过公开招聘全国优秀干部、公开招考，择优录用干部等方式汇聚了一大批全国英才。进入 21 世纪以来，特区在干部选拔机制上，通过公推公选，探索干部选拔的竞争机制。2010 年起，以公推公选方式选拔领导干部成为深圳干部选任的热点。公推公选首先在市管正局级干部中展开。2010 年 6 月，深圳一次性拿出罗湖区、南山区区长等 8 个市管正局级领导职位进行"公推公选"，采取组织推荐和个人自荐两种推荐方式，通过差额提名、差额推荐、差额考察、差额酝酿、差额表决等程序，最终产生拟任人选。接着，公推公选也在副局级领导干部中进行。2010 年 9 月，深圳市又面向全市公开推荐选拔福田区副区长等 22 个副局级领导职位，本次公选采取单位公开推荐、面试、差额考察、市委常委会差额票决的方式，程序主要包括公开推荐、资格审查、面试、市委常委会确定考察对象、组织考察、市委常委会差额票决确定拟任人选、办理任职手续等环节。公推公选继续向下延伸，2010 年 10 月 24 日，南山区蛇口街道采用"公推直选"方式成立大铲社区综合党委，这是全市首个通过"公推直选"方式产生的社区综合党委。截至 2011 年 5 月，深圳市各社区党组织换届选举首次实现百分之百"公推直选"。2011 年 7 月，深圳市成为全国唯一一个在机关内全面实施"公推直选"干部的城市。

（二）促进成长，不断加强干部培训机制

围绕干部需求创新学习培训方式，深圳在全国较早实施干部自选培训，以市委名义制定下发《深圳市干部学习促进办法》，以转变经济发展方式为重点大规模培训干部，成功举办"自主创新大讲堂"，以主体班次为龙头努力打造干部培训的精品工程，推出了深圳—井冈山—宁夏"三站联程"的中青班培训班、局级干部"都市计划"境外培训班和处级领导职务干部"胜任力提升"培训班等比较成熟的品牌和培训模式。2010 年 4 月 22 日，集"教、学、考、管、评"于一体的"深圳干部在线学习"平台开通，这一多层次、高效率、广覆盖的远程培训体系，能够为广大干部提供随时、随地、可移动的培训服务，也为学习型党组织和学习型领导班子建设提供了有力的支持和保障。

（三）分类管理，探索干部任用机制

一是建立雇员制和聘任制。2004 年 9 月 10 日，实行雇员制管理、面向社会公开招聘的南山区中小企业资讯服务中心主任邹琦上岗，这是深圳市诞生的第一名政府雇员。2007 年 1 月，深圳获批成为聘任制公务员试点城市。同年 11 月，深圳先行先试，拿出专业类和辅助类职位 31 个，向社会公开招聘 41 名聘任制公务员，职位包括管理主管、法律诉讼事务助理、城市规划编制主管、信息技术支持主管等，招聘单位包括深圳市食品药品监管局、市环保局、市国土与房产局等多个部门。2008年2月，《深圳市行政机关聘任制公务员管理试行办法》发布实施。该试行办法明确规定聘任制公务员是指行政机关在机构编制部门核定的编制限额内根据本办法以合同形式聘任、依法履行公职、由国家财政负担工资福利的工作人员。2008年9月，深圳开始推行聘任制公务员职业年金计划，以保障聘任制公务员退休后的基本生活，缩短其与委任制公务员的退休待遇差距，2010年6月9日，深圳市聘任公务员试行职业年金制度正式施行。二是实行公务员分类管理。2008年，在学习新加坡、中国香港公务员管理制度的基础上，深圳以分类管理为核心理念，深入推进公安系统的专业化改革，草拟了职位设置与管理、考试录用管理、任职定级、职务任免与职务升降、能级管理等配套文件，并初步建立起与专业化改革相适应的有别于综合类公务员的独立薪酬制度，搭建起适应专业化管理要求的基本制度体系。2009年3月，深圳市人事编制工作会议上提出要全面启动行政机关公务员分类管理试点，根据"分渠道发展、精细化管理、职业化建设"的总体思路，按职位性质将行政机关公务员职位归入综合管理、行政执法、专业技术三大职类，打破单一发展模式，分别设计职业发展通道，建立入职、晋升、转任、薪酬等一系列相应的配套管理制度。

（四）强化制约，不断完善干部考评机制

一是完善考核制度。2006年，深圳市委组织部提出新的公务员考核办法，内容包括：第一，分解细化考核内容；第二，合理设定考核权重，改变过去德、能、勤、绩、廉五个方面不分轻重的做法；第三，改革考核主体和程序，将过去的以群众测评为主改为以上级考核为主，上级考核结果和群众测评结果各占一定的权重；第四，落实考核申诉权利。在2008年的公务员年度考核中，将考核结果与年终奖金挂钩，2009年的年度考核则更进一步，将考核结果与公务员升迁挂钩。年度考核探索了干部"能上不能下"的初步解决方法。二是推行问责制。2001年底，《深圳市行政机关工作人员行政过错责任追究暂行办法》颁布。该办法对行政机关7个方面列出了63条行政过错责任追究范围，并明确行政责任划分与承担和行政过错责任追究，同时确定了行政过错责任追究机构和程序。2005 年 9 月，针对公务员的官僚习气和行政不作为等现象，深圳提出要掀起一场"责任风暴"，实施"治庸计划"。10 月，《中共深圳市委市政府关于在全市掀起"责任风暴"、实施"治庸计划"、加强执行力建设的决定》发布。2006 年 9 月，深圳市监察局公布了"责任风暴""治庸计划"实施一周年的成果。2009 年 11 月，《深圳市行政过错责任追究办法》《深圳市行政决策责任追究办法》《深圳市行政监督工作规定》正式实施。其中，修订后的《深圳市行政过错责任追究办法》首次对行政过错行为进行了明确的定义，即指"行政机关及其工作人员不履行或不正确履行规定的职责，以致影响行政秩序和行政效率，贻误行政管理工作，损害国家利益、公共利益或行政相对人合法权益，造成损失或不良影响的行为"；此外还增加了多项追究责任条款，如未认真履行与上级签订的责任书、无正当理由未达到责任书规定的要求或违反责任书的其他规定追究行政过错责任的条款，在管辖地区、管辖业务范围内发生重大事故、事件，造成重大损失或者恶劣社会影响的追究行政过错责任条款；在行政过错责任追究方式上，"书面告诫""责令公开道歉""免去领导职务"等在实践中摸索出来的追究方式上升为制度。《深圳市行政监督工作规定》创新了行政监督方式，规定"市政府建立和完善网上审批系统、网上执法反馈系统、网上公共服务系统、网上公共资源交易系统、网上监督系统，实现实时电子监察和督查督办"，这有利于减少行政问责发生的概率。针对长期困扰行政问责的"问执行、不问决策"的问题，《深圳市行政决策责任追究办法》对行政机关承办政府重大决策事项和行政机关在本单位重大事项决策两个方面，详细列举了 23 种应当追究决策责任的行为的表现形式，还规定"关系市民切身利益的重大决策事项方案，未按规定通过报纸、电台、电视台或互联网等媒体进行公示或组织召开听证会，广泛征求社会各界和市民意见的"，将"追究行政机关或者有关责任人员的行政责任"。

（五）健全干部管理机制

1. 在干部选拔机制上，不断推进公推公选的常态化

公推公选既坚持了党管干部原则，又符合公开、竞争、择优的要求，

能有效促进优秀人才脱颖而出、提高选人用人信度。由于大规模的直接选举与党管干部原则有一定冲突、不符合现阶段我国国情，因而选拔作为我国干部任用的主流方式将长期运用。公推公选作为一种优化的选拔机制，能在一定程度上避免选拔带来的权力过度集中、任人唯亲、任人唯钱等问题，是相对较为可取的、具有重要进步意义的干部选任方式。

2. 在干部制约机制上，不断扩大民主考评与信任投票制

深圳已建立起了公务员年度考核制度，并对德、能、勤、绩、廉的指标做了细分，但是在考核主体上，群众意见所占权重较低，上级领导评价的权重过高，对遏制用人上不正之风的作用有限，而且，这与扩大干部选拔工作民主、提高干部群众参与度的目标也存在差距。因而，未来深圳在考核制度上应该加重群众意见的权重，优化考核指标设计。

3. 在干部任用机制方面，不断提升规范化和透明性

重点规范"一把手"提名机制，根据职位类别特点，实行市委全委会民主推荐提名、本系统或本领域民主推荐提名、面向社会公推公选、组织推荐提名、个人推荐提名等多种提名方式。探索建立民主推荐职位预告制度，按照知情度、相关度和广泛性、代表性的原则，合理确定参加民主推荐人员范围。探索实行民主推荐权重分析制度，对不同类型、不同层次参与人员在不同层面的推荐，设计不同的权重比例，并综合考虑岗位需求和干部近年考核评价情况、工作实绩、发展潜力等因素研究确定考察人选，既要尊重民意，又不简单以票取人，注意保护真抓实干、坚持原则、敢于负责的干部。

小　　结

在新的历史条件下，要继续把深圳经济特区党的建设的成功经验和做法上升为规律性认识，继续探索创新特区党的建设的工作方法，在基层党的建设的重点、难点领域继续推进，不断提高特区党的建设科学化水平。一是在新的历史条件下提高特区党的建设科学化水平，必须坚持解放思想、实事求是、与时俱进，提高特区干部的思想政治水平。二是在新的历史条件下提高特区党的建设科学化水平，必须把各方面优秀人才聚集到特

区发展的各项事业中来。三是在新的历史条件下提高特区党的建设科学化水平，必须坚持以人为本、执政为民理念，始终保持党同人民群众的血肉联系。四是在新的历史条件下提高特区党的建设科学化水平，必须深入开展党风廉政建设和反腐败斗争。五是在新的历史条件下提高特区党的建设科学化水平，必须不断推进特区党的建设制度化、规范化、程序化。

第四章　全面从严治党的新实践
（2012 年至今）

　　党的十八大以来，以习近平同志为核心的党中央不断开拓创新，围绕管党治党提出许多新思想、新观点、新论断，使党的建设开创了新局面，党风政风呈现新气象。五年来，深圳经济特区始终高举中国特色社会主义伟大旗帜，紧紧围绕习近平总书记党建思想，开展了一系列有规模、有特色、有影响、有效果的学习贯彻活动。深圳在学习贯彻落实习近平总书记党建思想方面勇当尖兵，努力争创全面从严治党新业绩。

第一节　强化理论武装，围绕
"入脑入心"抓学习

　　党的十八大以来，以习近平同志为核心的党中央高度重视思想建设。在党的十八大闭幕后的第三天，即 2012 年 11 月 17 日举行的中央政治局第一次集体学习时，习近平总书记强调："坚定理想信念，坚守共产党人精神追求，始终是共产党人安身立命的根本。对马克思主义的信仰，对社会主义和共产主义的信念，是共产党人的政治灵魂，是共产党人经受住任何考验的精神支柱。"他形象地将理想信念称之为共产党人的精神之"钙"，要求必须切实加强思想政治建设，解决好世界观、人生观、价值观这个"总开关"问题。深圳各级党组织站在新的高度，将党的思想建设放在首要位置。

一　聚焦学习内容，增强"四个意识"

（一）习近平总书记对广东、深圳的重要批示

党的十八大以来，以习近平总书记为核心的党中央带领团结全国各族人民，紧紧围绕实现"两个一百年"奋斗目标和中华民族伟大复兴的中国梦，举旗定向、谋篇布局、攻坚克难、强基固本，开辟了治国理政新境界，开创了党和国家事业发展新局面。在治国理政的实践中，习近平总书记把握时代大趋势，回答实践新要求，顺应人民新期待，围绕改革发展稳定、内政外交国防、治党治国治军发表了一系列重要讲话，形成一系列治国理政新理念新思想新战略，进一步丰富和发展了党的科学理论，为中国共产党在新的历史起点上实现新的奋斗目标提供了基本遵循。

习近平总书记对广东、深圳的工作高度重视。2012 年 12 月 7—11 日，在当选中共中央总书记之后不久，他就开始了首次地方考察，首站就来到深圳。在考察期间，他发表了重要讲话，向全党全国发出了凝聚力量、攻坚克难、继续深化改革、走改革开放强国之路的动员令。考察期间，习总书记对广东提出"三个定位、两个率先"的殷切期望，要求广东努力成为发展中国特色社会主义的排头兵、深化改革开放的先行地、探索科学发展的试验区，为率先全面建成小康社会、率先基本实现社会主义现代化而奋斗，要求广东在改革开放中继续走在前列。

2015 年初，在"四个全面"战略布局提出不久，习近平总书记对深圳工作做出重要批示，充分肯定党的十八大以来，深圳市委和市政府认真贯彻党中央决策部署，团结带领广大干部群众，继续发扬敢为人先的精神，锐意改革、扎实工作，各项事业发展取得了新的成绩，为经济特区发展注入新的活力和动力。批示指出，当前，我国改革进入攻坚期和深水区、经济发展进入新常态，国内外风险挑战增多。批示要求，深圳市要牢记使命、勇于担当，进一步开动脑筋、解放思想，特别是要鼓励广大干部群众大胆探索、勇于创新，在全面建成小康社会、全面深化改革、全面依法治国、全面从严治党中创造新业绩，努力使经济特区建设不断增创新优势、迈上新台阶。

2017 年 4 月初，习总书记又对广东工作做出重要批示，充分肯定党的

十八大以来广东各项工作，希望广东坚持党的领导、坚持中国特色社会主义、坚持新发展理念、坚持改革开放，为全国推进供给侧结构性改革、实施创新驱动发展战略、构建开放型经济新体制提供支撑，努力在全面建成小康社会、加快建设社会主义现代化新征程上走在前列。

（二）通过教育学习增强"四个意识"

深圳各级党组织将习近平总书记系列重要讲话和习近平总书记对广东、深圳的讲话、批示精神结合起来，深入开展学习教育活动。

2013 年春节刚过，深圳集中开展了为期两个多月的"弘扬改革创新精神，树立优良工作作风"学习讨论活动，统一全市党员干部思想认识。党的十八届三中全会召开后，市委举办 6 期"学习贯彻习近平总书记系列讲话和十八届三中全会精神"处级以上干部轮训班，对 5100 多人次开展大轮训。

根据中央、省委部署，深圳市组织开展了"学习习近平总书记系列重要讲话精神"、"党的群众路线教育实践活动"、"三严三实"专题教育、"两学一做"主题教育等学习实践活动。各级党组织广泛组织学习动员，通过召开动员大会、各阶段转段部署会，组织各类报告会、学习例会，确保做到学习教育全员覆盖。为了提高活动的实效，深圳在专题教育活动中做到三个突出。一是突出问题导向。聚焦解决"四风"突出问题，广泛征求意见、反复查摆问题；坚持边学边查边改，市领导牵头"破题"工作项目等一系列专项行动将整改落实到底，以点带面解决热点难点问题。针对"四风"问题的反复性和顽固性，制定制度建设《参考指南》，强调以制度机制固化教育实践活动的成果，立足标本兼治、确保保障长远。二是突出服务民生。将服务改善民生放在首位，坚持以人民群众满意不满意作为检验教育实践活动成效的"试金石"，创新开展"民生体验日"活动，有力地推动教育实践活动的重心向民生不断倾斜。推出一系列便民利民举措，全力以赴落实"民生清单"，坚持"民意引领、民智参与、民生共享"的良性互动，让每一项民生工作都能真正惠民、长期惠民。三是突出改革创新。坚持以教育实践活动促改革，以全面深化改革践行党的群众路线，在学习教育中提升改革勇气，在听取意见、查摆问题中找准改革方向，在开展批评中凝聚改革合力，在建章立制、落实整改中推进改革实践。积极落实全市改革三年总体方案和年度改革计划，全面推进各项重点领域的体制机制改革。

通过广泛开展各种形式的学习教育、专题培训、理论研讨等活动，始终把学习聚焦到贯彻习近平总书记重要讲话精神上来，深刻领会贯穿其中的马克思主义立场、观点、方法，深圳全市上下普遍掀起了学习习近平总书记讲话精神的新高潮，全体党员干部普遍形成了贯彻习近平总书记讲话精神的思想自觉和行动自觉。

问卷调查结果显示，超过 74.1% 以上的调查者认为"非常了解"和"比较了解"习近平总书记的党建思想；超过 87.5% 以上的调查者认为"真学真信"和"比较相信"习近平总书记党建思想；超过 90.7% 以上的调查者认为自己的理想信念进一步坚定，比以前更加严格要求自己了。通过学习，用讲话精神武装头脑、指导实践、推动工作，在工作实践中不断深化对习近平系列讲话精神的领会和把握，进一步把思想和行动统一到讲话精神上，统一到中央、省委的一系列重大决策上。通过不断深化学习，广大党员干部政治意识、大局意识、核心意识、看齐意识进一步增强，党组织的向心力、凝聚力和战斗力进一步提高。

（三）党的十九大以来的学习教育

2017 年 10 月 18 日至 24 日，中国共产党第十九次全国代表大会在北京召开。党的十九大是在全面建成小康社会决胜阶段、中国特色社会主义进入新时代的关键时期召开的一次具有划时代意义的大会，是在新的历史起点上开启党和国家事业新征程的一次重大会议。大会闭幕后，深圳上下将学习宣传贯彻党的十九大精神作为头等大事和首要政治任务，10 月 26 日下午，深圳市委常委会召开扩大会议，传达学习党的十九大和十九届一中全会精神，研究出台学习贯彻党的十九大精神通知、总体工作方案和大学习大培训实施方案等一系列文件，在全市迅速兴起学习宣传贯彻的热潮。

一是做好学习培训。把学习党的十九大精神作为第一堂党课、第一堂政治必须课，市领导反复研读带头学，各级党委原原本本传达学习。通过党委理论学习中心组、党校学习培训、考学活动等形式，开展多形式、分层次、全覆盖的学习培训，累计培训局、处级干部 4100 多人次。

二是做好宣讲宣传。组成市委宣讲团，开展基层宣讲活动 137 场，推动党的十九大精神进企业、进社区、进机关、进校园、进网络。组织各级党报、党刊、电台、电视台采取各种形式，开设专栏，集中报道党的十九大精神。

三是抓好调查研究。对照党的十九大报告，结合深圳实际梳理 76 项调研课题，责任到人，立足全局征集需要市委高度重视的重点工作、解决重大问题。

通过学习宣传，党的十九大精神在全市家喻户晓、深入人心，贯彻落实党的十九大精神、在新时代走在最前列、勇当尖兵、再创新局已经成为全市上下的共同意志和行动。

二　做好学习规划，整合教育资源

（一）制订出台培训计划

深圳出台了《深圳市干部学习促进办法（试行）》《关于切实加强和改进深圳市各级党委（党组）中心组学习的实施意见》和党员干部教育培训等制度，让学习从软任务变成硬约束，学习日趋科学化、规范化、长效化。市委研究出台《深圳市 2011—2015 年大规模培训干部工作计划》和《2014—2018 年深圳市干部教育培训规划》，对全市干部教育培训工作进行系统谋划和整体部署。牵头成立全市干部教育培训工作联席会议，搭建起上下联动、左右协同的培训工作格局，推动形成全市教育培训工作整体合力。

（二）分级分类举办专题培训班

以加强对中青年干部的党性锻炼、国情教育为重点，继续开设深圳—井冈山—宁夏"三站联程"中青班，培训干部 151 名。以市管局级干部为培训对象，开设"都市计划"境外培训班，培训局级干部 113 名。以正处领导职务干部为培训对象，开展"北大—香港—新加坡"三站联程"胜任力提升"培训，培训处级干部 225 名。

（三）创新干部教育培训载体平台

创建"深圳干部在线学习"网络学习平台，充分运用信息化手段，建立开放的"课程超市"，共开设课程 720 门，注册用户 4.2 万人，访问量累计超过 480 万人次。与市科协合作举办"自主创新大讲堂",共举办专题讲座 50 场。搭建新技术新产业、社会建设、革命传统教育、廉政建设四类 25 个干部教育培训实践基地,共组织 217 批次 10973 人参训。其中,新技术新产业培训基地,开辟"产学结合"培训新渠道,基地涵盖 IT、生物、新能源、文化创意四大战略性新兴产业,采用实地参观、现场讲解、专题授课、体验式教学等方式,助推干部知识结构转型。作为深圳市理论学习中心组学习平台,"深圳学习讲坛"每年都邀请一批专家做报告,有的放矢开展学习活动高水准的学习,为市领导班子的知识更新注入了源头活水。

五年来,先后召开专题讲座、理论中心组扩大学习会、支部学习会等学习传达党代会精神,并请党校系统的党代表、人大代表、政协委员交流分享体会。承办六期"三严三实"专题教育和学习贯彻市第六次党代会精神专题培训,15849 人次参加学习(其中市直机关局、处级干部 6791 人次,各区处级干部 9058 人次)。同时,市委党校将党代会精神融入主体班各类专题课程中,组织在校学员学习研讨党代会报告,开设第六次党代会精神宣讲板块,纳入主体班教学。在机关和社会团体中开展党代会精神宣讲 20 余次。《特区实践与理论》杂志推出"学习贯彻市第六次党代会精神"专刊。

五年来(截止到 2018 年 6 月 30 日),仅市委党校就举办各类培训班 365 个,培训学员总计 55165 人次。目前,在线学习平台新增学员 8114 名,现在注册学员 68093 名,增加 13.53%,上挂课程总计 1204 门,新增 201 门,于 2017 年 7 月,删除老旧课程 327 门。2017 年 7 月更新新系统至今,共开设在线班级 17 个,培训学员 862 人次。其中,深圳发挥党校和行政学院干部培训主渠道作用,在全国地方党校率先举办领导干部党性教育培训专题研讨班,已成功举办 26 期,学员反映强烈,收效良好。

三 创新学习形式,提升培训效果

(一)做到有针对性地学

注重对学习对象和学习内容进行分类,做到有针对性地学。建立了涵盖领导干部、机关党员、青年党员、老龄党员、"两新"党员、入党积极分子、社会群众为一体的培训体系，提高了培训的针对性和科学性。

（二）做到有监督地学

注重加强对学习效果的监测和评估，做到有监督地学。组织部门对党员干部进行统一试题"考学"，通过打电话或直接向一线党员干部提问题等形式进行"问学"，不定期查阅学习台账、会议记录、活动简报等方式开展"看学"，确保学习收到实效。

（三）做到更方便地学

注重利用新媒体和信息技术，做到更方便地学。深圳市广泛运用微信、微博、短信等现代科技手段，把中央精神、相关要求整理形成应知应会的短信息，累计定期推送学习短信、微信 40 多万条，各级领导干部讲党课 2449 场次，给流动党员、特殊群体党员送学上门 2.12 万人次。

另外，市委结合实际编印《深圳读本》、制作《视频读本》，累计发放各类学习资料 60 万册，开展集中学习（培训）1.7 万场次，参加集中学习 30.5 万人次，近 30 万名党员集中收看学习《基石》等专题教育片。以"百课下基层"为载体开展基层宣讲 600 多场；推动理论创新，开展"改革开放历史经验研究""现代化国际化创新型城市研究"等重大课题研究，出版《深圳改革创新丛书》等理论著作，巩固党建理论宣传阵地。

第二节　筑牢战斗堡垒，坚持"强基固本"增活力

党的组织建设是党的建设主要内容之一，主要包括党的干部队伍建设、党的各级组织建设、党员队伍建设和民主集中制建设等任务。党的干部队伍建设在党的组织建设中居于核心地位。党的干部是党组织的骨干，是党的路线、方针、政策的主要贯彻执行者，是实现党的领导的决定性力量。基层组织是党的全部工作和战斗力的基础，是团结带领广大人民群众贯彻党的理论和路线方针政策，落实党的任务的战斗堡垒，是党执政的根基。习近平总书记强调："贯彻党要管党、从严治党方针，必须扎实做好抓基层、打基础的工作，使每个基层党组织都成为坚强战斗堡垒。党的十八大提出了加强基层服务型党组织建设的重大任务。当前和今后一个时期，要以此来指导党的基层组织建设。"党的十八大以来，深圳经济特区

始终把抓基层、打基础作为推进全面从严治党的关键环节，切实采取有效措施，不断夯实从严治党的根基。

一　加强高素质干部队伍建设

（一）制定落实《干部选拔任用条例》细则

深圳以新修订的《干部选拔任用条例》为遵循，以解决唯票、唯分、唯年龄、唯 GDP 等干部工作中的突出问题为突破口，通过了《关于认真贯彻干部任用条例建设高素质干部队伍的若干意见》及配套的 7 个干部工作规范性文件，提出了深圳市今后一段时期干部队伍建设的总体目标和原则，对完善民主推荐和考察、规范竞争性选拔、强化日常考核、加大干部交流、教育培训和实践锻炼、从严治理拉票行为等干部工作重点难点问题提出了具体措施，有利于进一步构建有效管用、简便易行的选人用人机制。

（二）出台干部作风考核评价制度

以群众路线教育实践活动为契机，深圳出台了《深圳市干部作风考核制度》，首度引入"反向测评"，并将作风考核贯穿于干部的任职考察、换届（任期、届中）考察、试用期考核、年度考核以及各类专项考核中去，融入到民主测评、谈话、征求意见等干部工作的各个环节，全方位体现作风的考核导向。在考核结果运用上突出刚性要求，根据作风问题的性质和情节轻重，分类提出谈话提醒、组织处理、移送纪检监察机关处理等一些"硬杠杠"标准，使领导干部进一步明晰作风"高压线"。

（三）实施生态文明考核制度

为进一步树立"不唯 GDP"的选人用人导向，考准考实干部的实绩，在总结过去 6 年来环保实绩考核经验基础上，制定实施了《深圳市生态文明考核制度》。考核指标设置注重定性与定量相结合，在对各区（新区）的考核指标设置中，把空气质量、水环境质量、生态资源变化情况、节能降耗、污染减排、宜居社区建设等一系列与城市可持续发展密切相关的指标纳入考核。注重运用公众满意率调查结果来验证及修正指标数据考核结果，使考核结果更加客观真实。考核程序包括指标数据采集和计分、现场检查和资料审查、现场陈述和答辩评审等多个环节，全方位、多角度考察各单位对环境保护工作的重视程度以及工作成效。考核过程公开透明，考核结果进行分类排名，并由市委、市政府通报发布。考核结果直接纳入深圳市管领导班子的年度考核指标体系，并作为干部任免奖惩的重要依据。

（四）推进法院工作人员分类管理和法官职业化改革

深圳将法院人员分类管理和法官职业化改革作为加快一流法治城市建设的"开篇之作"，出台了《深圳市法院工作人员分类管理和法官职业化改革方案》。坚持以人员分类为前提，对法官实行单独职务序列管理；坚持以去行政化为突破口，实行法官待遇与法官等级挂钩，建立健全符合司法规律的法官职业保障机制；坚持以加强法官的职业保障为重点，吸引和留住优秀法律人才；坚持以重视关心基层为导向，改革政策适度向基层法院倾斜；坚持以促进司法公正为目的，建立健全符合法官职业特点的管理制度。这项改革将法官作为第四类公务员细分出来，是公务员职业化改革、去行政化的"破冰"之举，可以较好地解决法官职业发展通道狭窄、队伍人员流失、基层干部激励措施不足等问题。

（五）加大对选人用人不正之风查处力度

不断加强选人用人监督，加大举报查核力度，对违反组织人事纪律的实行"零容忍"。开展干部选拔任用工作专项检查，责令相关单位纠正违规问题，有效规范了全市各级各部门选人用人情况。强化核查工作多部门联动机制，联合纪检等部门对拉票、违规破格提拔等选人用人问题进行严肃处理。自 2013 年以来，共查办各类投诉案件 59 件，对 4 家单位存在的拉票、违规破格提拔等选人用人问题进行严肃处理，1 人被取消拟任人选资格，1 人被宣布其民主推荐结果无效，2 人违规任职被取消，对其中 3 起典型案件进行全市通报。抓好任前公示核查，做好领导干部廉政审核工作，努力做到关口前移，最大限度防止"带病提拔""带病上岗"。

（六）加强经济责任审计结果运用

重点规范"一把手"履行经济管理行为，完善并加大领导干部经济责任审计结果运用，将审计结果与干部选拔任用挂钩。自开展该项工作以来，已经对 217 名领导干部经济责任审计结果进行了评议，被评为不合格和基本合格的超过了 10％。同时，加大任中审计力度，任中审计比例达到了 50％。

二　继续探索城市基层党建新路

党的基层组织是党全部工作和战斗力的基础。时代的变化，对党的基层建设提出了全新的挑战。作为一个没有农村建制的超大型城市，近年来，深圳认真落实习近平总书记关于"把抓好党建作为最大政绩"的要求，主动适应城市发展新形势新要求，弘扬特区改革创新精神，全面推进城市基层党建工作创新，以标准化规范化为抓手，积极探索城市基层党建新路。

（一）创新建立基层党建专项述职评议制度

为落实基层党建领导责任制，增强我市各级党委（工委）主要负责同志抓党建"主业"意识，规定各区委、各新区党工委、市委各工委书记每年定期向市委做基层党建专项述职。按照"书记领办、组织部门主办、基层党组织承办"的"三办"原则，切实抓好项目申报、组织实施、结果运用等环节，形成了书记亲自抓、层层抓党建的良好态势氛围，有效促进了基层党建工作创新。此项目获得中组部组织二局的高度评价，认为充分体现了习近平总书记关于党的各级书记要抓"主业"的要求。同时，创新实施各级党委（党组）书记抓基层党建创新"书记项目"，建立市、区、街道三级"书记项目"库，各区各系统先后创立了120个书记项目，破解了一批基层党建重点难点问题。

（二）创新区域化党建工作格局

深圳着眼以党的建设引领推动社会建设，以城市社区为基本单位，全面推进基层党建工作区域化，着力构建条块联动、区域统筹的基层党建工作新格局，进一步夯实党在社区的领导核心地位。创新社区党组织组建模式，指导全市629个社区组建社区综合党委（总支），占社区总数的98.7%。注重将各类资源向基层社区倾斜，要求机关企事业单位积极参与本社区共建，选聘驻社区单位党组织负责人担任社区综合党组织"兼职委员"，创新党员"议事厅"等平台载体，加强党员服务中心建设，进一步巩固和发挥社区综合党组织在社区各类组织中的领导核心作用。

在开展区域化党建工作的过程中，推进社区党建标准化是重要的抓手。

　　每个社区党群服务中心不少于 650 平方米，中心名称、服务标识乃至工作人员的服装全部统一设计，凸显党组织形象，让群众知道"惠从何来"……遍布全市 645 个社区，充满浓浓"党味"的社区党群服务中心，是深圳近年来深入推进社区党建标准化建设的成果之一。

　　社区是城市的基本单元，社区党建是城市基层党建的重要环节。针对社区党组织政治功能不强、资源力量不足、作用虚化弱化等问题，深圳大力推进社区党组织建设、党员管理、治理结构、服务群众、工作职责、运行保障"六个标准化"，全面提升社区党组织的政治功能和服务水平。

　　在标准化建设中，社区党委领导核心地位和作用得到全面强化，645 个社区统一设党委，统一悬挂党委、居委会、工作站 3 块牌子，理顺社区党委和社区各类组织关系，明确社区党委对社区工作负全面责任，行使社区人事安排权、重要事项决定权、领导保障权和管理监督权，推荐居委会和股份合作公司等组织的领导成员人选，按照"四议两公开"程序对社区重大事项进行决策；社区干部队伍建设得到有力加强，社区党委书记工资待遇参照事业单位职员七级标准落实，194 名连续任职满 6 年的社区书记纳入事业编制，让社区书记有尊严、腰杆硬。社区党委服务群众的经费，通过社区党建标准化建设将人财物全面向基层社区倾斜，每个社区党组织活动经费以 10 万元为基数并按每名党员增加 500 元落实，每个社区党组织服务群众专项资金不低于 200 万元，增强社区党组织服务群众的经费保障。

　　如今在深圳，社区党委书记普遍反映，通过全面推行标准化建设，社区党委现在说话办事有底气了，社区各项工作党味更浓了，在群众中威信更高了。"以前社区群众见到我们叫（社区工作站）'站长'和（居委会）'主任'，现在都叫'书记'了。"南山区南山街道荔芳社区党委书记陈健云说，以前党建工作总觉得很虚，没有抓手，而党建标准化明确了 100 多项工作标准，仿若夜航中的一座灯塔，给社区党建明确了方向和目标，给社区提供了一份党建"说明书"。

　　（三）创新"两新"组织党建工作

　　万丈高楼平地起，组织基础是所有党建工作的基石。深圳市场经济发展早，目前登记企业超过 200 万家，规模较大的 9 万多家，登记注册的社会组织 7731 家。新兴领域党建成了特区新时期城市基层党建工作的新焦点、新难点。近年来，深圳坚持把新兴领域党建作为工作重点，织密基层组织之网。

在非公企业党建上，借鉴社区区域化党建思路，深圳于 2017 年 3 月出台《关于加强园区党建工作的指导意见》，依托全市 309 个产业园区设立党委，改变了逐个企业去抓党建存在的资源分散、阵地不足，以及党组织建了散、散了建的问题。同时，按每个园区配备 1 至 2 名党建组织员标准，面向社会公开选聘 1828 名党建组织员专职从事党建工作。而且积极引导基层党组织领导班子与企业行政领导班子"双向进入，交叉任职"，党组织与行政管理团队进行良好互动，形成合力，真正做到企业决策有党的声音，企业管理有党的身影。"党建做实了就是生产力，做强了就是竞争力，做细了就是凝聚力"，正成为越来越多特区非公有制企业的共识。比如，处于国内领先的城市配套服务商万科集团党委书记解冻就认为"党建工作与经营管理同频共振、互融共进，党的领导和企业发展才能相得益彰、相互促进"。在万科，党建工作与企业经营是"一条心"，而不是"两张皮"。为了党建而党建，或者忽视党建、放松党建，都不利于企业自身发展。

在社会组织党建上，针对社会组织特点，深圳发挥行业协会商会党建龙头作用，带动社会组织党组织覆盖率大幅提高，全市 755 家行业协会商会实现党组织全覆盖。同时建立"双孵化双促进"机制，在培育发展社会组织中同步建立党的组织，开展党的工作，确保社会组织"长在红旗下，跟着党旗走"。而且每年从市、区机关选派近 200 名科级以上干部担任重点难点园区、行业协会党组织第一书记。2017 年七一期间，市金融服务类行业协会联合党委、市健康产业类行业协会联合党委、市优势传统类行业协会联合党委、市深商总会联合党委、市互联网金融协会党委、市生命科学与生物技术协会党委以及 19 个行业协会党支部正式成立并获授牌；与此同时，150 名新党员宣誓入党，其中绝大多数在社会组织中担任会长、副会长、秘书长等重要职务。

在实践的基础上，深圳针对"两新"组织的党建工作，采取了系列举措。制定出台了《关于进一步加强和改进非公有制企业和社会组织党的建设工作的意见（试行）》，对"两新"组织党组织功能定位、领导体制、队伍建设和保障机制等予以明确，市财政每年拨付经费5900 多万元，进一步强化了"两新"组织党建人员、经费和阵地制度保障。探索创新"楼宇＋物管""物管＋企业""园区＋企业"等党建模式，全市221 个20层以上商务楼宇100％建立联合党组织，182 个园区建立联合党组织、占各类园区总数的92％，非公企业和社会组织党组织覆盖率分别达到61.2％和63.6％。建立"两新组织党内关爱扶助金"，市管党费注入300万元作为首批启动资金，募集总金额超过2000 万元。创新"四同型"流动党员教育管理服务，着力在管理模式、服务平台和活动载体上抓创新、求实效，以非公企业为依托，实行"同企型"管理；以行业协会为依托，实行"同业型"管理；以同一地籍人员聚居地为依托，实行"同乡型"管理；以各地驻深办为依托，实行"同管型"管理。

（四）创新构建全市党员志愿服务"四化体系"

制定出台了《关于构建"四化"体系深入开展党员志愿服务的意见》，明确党员志愿服务人员、队伍、活动、信息等管理、激励、约束制度，把党员志愿服务全链条制度化嵌入党员发展和教育管理流程。推动建立我市党员志愿者服务"1＋15＋N"队伍架构，进一步健全横到边纵到底、全面覆盖的组织网络，全市共成立党员志愿服务队伍3000 多支共12万多人。探索党员志愿服务与社会专业志愿服务组织结合服务新模式，策划开展"弘扬志愿精神、践行群众路线"集中服务月活动，打造"党员志愿者讲师团"等一批活动品牌。依托全市志愿服务信息系统，实现党员志愿服务动态管理；指导和推动各级党组织在线发布岗位需求，谋划建设供需实时对接网络平台。

（五）创新党代表发挥作用途径

出台《市党代表任期制实施办法》和党代表进社区、提案、提议、询问、质询、社情民意办理等14 个配套文件，形成市党代表任期制"1＋14"制度体系。采取"团队运作"模式，在全市637 个社区分别驻点市、区党代表团队，深入开展"党代表接待周"活动，并将党代表受理的社情民意，统一通过"深圳市党代表联络工作信息系统"转有关部门办理落实。实行党代表履职积分制，进一步强化党代表责任。2010 年11 月以来，市、区两级党代表共组织开展接待群众活动 1.9 万场次，接待党员群众 8.2 万人次，收集和办理群众意见建议 10976 件。

（六）提升党建信息化水平

1. 开通"深圳先锋"党建微博

适应社会现代化、信息化、网络化新趋势，于 2013 年 4 月开通"深圳先锋"党建微博。组织开展微直播 3 次，微调查 2 次，编印《深圳先锋》党建微博宣传册 8 辑 1 万册。截至目前，共有粉丝 11.8 万名，覆盖 24 个省市自治区，阅读量超过 500 万人次。各区各系统开通党建微博 28 个，初步形成市、区、街道三级党建微博矩阵。

2. 推进"智慧党建"工作

针对信息化社会、互联网时代对党建工作的新要求，从 2013 年起，作为深圳市"智慧党建"系统的试点南山区结合区情党情实际，运用"互联网＋"思维和技术推进"智慧党建"示范城区建设，实现城市基层党建工作的精细化管理、人性化服务、长效化运作。登录南山先锋网，提出党组织关系接转申请，经过网上审批，数分钟后，就可以打印出组织关系介绍信。如此的快捷、方便，得益于南山区试点建设的"智慧党建"系统，该系统实现了党员组织关系接转全流程在线申请审批，变跑多个地点层层接转为网络一站式办结，至今已累计接转党员 29889 人次。

如今，"智慧党建"系统在线管理党组织 2515 个、党员 57453 名，实现党建数据云端存储、实时更新、动态共享、辅助决策；入党申请人可以网上提交申请，全程接受党组织教育管理；党员在外可以参加网上组织生活，累计开展在线"三会一课"56565 场次；开展"每日一学，每周一考"，组织在线学习考试 56 万人次。

"智慧党建"不仅创新了党员教育管理体系，更让城市基层党建插上了信息化的翅膀。近年来深圳积极探索运用互联网思维和信息技术提升城市基层党建信息化、精准化水平。除了在南山区试点建设"智慧党建"系统外，还在全市社区和园区建立党群服务中心，配置统一的综合信息系统，提供"一门式一网式"综合窗口受理服务，逐步实现"前台一口受理，后台分工协办"，公共服务事项一站式办理率达到 90% 以上，网上申报办理率达到 80% 以上，全流程网上办理率达到 50% 以上，实现了数据多跑路、群众少跑腿，全面提升了党群服务水平。

同时大力实施人才强市战略，全面推进前海全国人才管理改革试验区建设，深入实施"孔雀计划"和"人才安居"工程，大力推进新型研发机构等平台载体建设，创新"一站式"高层次人才服务模式，使党管人才落到实处。

第三节　加强作风建设，狠抓"关键少数"

党的十八大以来，在以习近平同志为核心的党中央领导下，深圳始终坚持改革创新，把加强作风建设与弘扬特区精神紧密结合，把推进党的群众路线教育实践活动和推进改革工作相结合，把推动整治"四风"问题和破解改革难题相结合，将改革成果作为检验活动成效和干部选拔使用的重要标准，引导广大党员干部把精力更多地集中到思改革、抓改革上来。围绕深圳市全面深化改革"三化一平台"的主攻方向，各级各部门和广大党员干部纷纷研究提出了"微改革""微创新"项目等，全市上下形成了"改革有功者上、不思改革者下"的氛围，实现了作风建设与深化改革的"齐头并进"。实践证明，坚持以作风建设促改革，以全面深化改革践行党的群众路线，是我们能在新一轮改革开放中继续干在实处、走在前列的重要保证。

一　以"五破五立"转变思想作风

深圳之所以能以较快的经济发展速度、较大的经济发展规模，创造完成许多走在其他兄弟城市前列的成果，靠的是特有的"深圳精神"。

1990 年，开拓、创新、团结、奉献，被确定为"深圳精神"主要内涵。经过干部群众广泛讨论，2002 年深圳市委决定将深圳精神重新概括为：开拓创新、诚信守法、务实高效、团结奉献。

2015 年 5 月，深圳市第六次党代会强调，勇当"四个全面"排头兵，实现努力建成现代化国际化创新型城市的新目标、新任务，关键是要"解放思想、真抓实干"。"解放思想、真抓实干"首先在党建工作中做到"五破五立"：进一步破除"老框框、老套路"的重重束缚，树立敢破敢立的开拓精神；破除盛名之下、志得意满的安逸心态，树立居安思危的忧患意识；破除"为官不为、当官做老爷"的消极状态，树立舍我其谁的担当精神；破除"差不多、过得去"的粗放思维，树立精益求精的较真精神；破除"光说不练、做而不实"的漂浮作风，树立一抓到底的实干精神。"五破五立"是深圳精神在新时期的具体体现。

破除"老框框、老套路"的重重束缚，树立敢破敢立的开拓精神。在经济发展进入新常态的时代背景下，深圳要承担新的历史使命，还是按老框框、老套路办事，肯定行不通。深圳的今天是闯出来的，深圳的未来还是要敢闯，敢想！撕裂束缚观念的蚕茧，打破旧的体制机制之框，才能开拓新境界，再创新业绩。

破除盛名之下、志得意满的安逸心态，树立居安思危的忧患意识。今天的深圳，在中国甚至在世界上，都开始有了点名声。看不到差距是最大的差距，没发现危机是最大的危机。面对新的改革任务和种种挑战，特区党员干部当常怀忧患之思、自警之心，客观清醒看待成绩、分析问题，增强改革发展的紧迫感、责任感。

破除"为官不为、当官做老爷"的消极状态，树立舍我其谁的担当精神。习近平总书记强调："每一个领导干部都要拎着'乌纱帽'为民干事，而不能捂着'乌纱帽'为己做'官'。""只要不出事、宁愿不做事"，"不求过得硬、只求过得去"，如此为政，只会稀释反腐红利，迟滞改革步伐，影响特区事业发展大局，使人民对我们的期待落空。改革"等不起"，发展"混不得"。主动请缨领命、敢于担当、善谋有为，才是特区党员干部的风范。

破除"差不多、过得去"的粗放思维，树立精益求精的较真精神。勇当"四个全面"排头兵，落实到各个发展领域就是率先突破，落实到各方面工作就是打造一流。如果说深圳当年的高速度发展是白手起家的奋起，那么今天在全国各地你追我赶的环境下，更多需要一种不断精进、优质发展的领跑者精神。要摒弃敷衍交差、凑合应付的粗放思维，革除稍进则满、小成即止的保守意识，制定高标准，把好质量关。

破除"光说不练、做而不实"的漂浮作风，树立一抓到底的实干精神。实现未来深圳的宏伟目标，需要每一名特区党员干部的身体力行与实干担当，把心思和精力贯注于改革发展方方面面的工作中去。实干是最好的答卷，要赓续实干兴邦的精神，一项工作一项工作抓落实，一个环节一个环节求实效。

深圳精神的突出内容在于"开拓创新"，"五破五立"恰恰对新形势下如何开拓创新提出了要求。破除"老框框、老套路"的重重束缚，破除盛名之下、志得意满的安逸心态，破除"为官不为、当官做老爷"的消极状态，破除"差不多、过得去"的粗放思维，破除"光说不练、做而不实"的漂浮作风，分别否定了原有的精神、心态、现状、思维、作风等，提出了敢破敢立、居安思危、舍我其谁、精益求精、一抓到底的创新实干要求。这是"开拓创新"精神的细化和升华，并为其注入了新元素，更便于理解和执行。

做到"五破五立"，是对深圳精神"务实高效"的承诺与实践。深圳精神，可以理解为高效率、高速度、高智慧、高收获。恰如2015年广东省委副书记、深圳市委书记马兴瑞所说的那样，办事磨磨叽叽，百姓会认为不作为。对慢作为、不作为庸懒散漫等"光说不练、做而不实"的行政思想与行政作风，只有用鞭子抽、用板子打，影响、督促、转变干部的思想和作风，防止、制约和避免"为官不为、当官做老爷"，用行政上的高效，才能引领政治、经济、社会、文化、文明建设上的高效。

二　以"问题导向"践行群众路线

党的十八大以来，深圳经济特区树立鲜明的选人用人导向，形成了"改革有功者上、不思改革者下"的新气象。在教育实践活动期间，深圳出台了《干部作风考核制度》，首度将"精神懈怠""缺乏敢想敢干、开拓创新意识"等作为反向测评要素，突出对干部改革创新精神考核，树立了鼓励改革创新的选人用人导向。同时，第一批教育实践活动单位也积极创新干部工作机制，着力培养改革事业需要的好干部，在全市上下营造了想干、敢干、快干、会干的干事创业良好氛围。

在"三严三实"专题教育中，深圳始终坚持把教育实践活动与中心工作紧密结合，从严上要求、向实处着力，知实情、出实招、求实效，以新作为引领新常态，把"三严三实"要求化作党员领导干部改进作风、干事创业的强大动力，通过专题教育促进全市改革发展稳定的各项工作，为经济特区建设不断增创新优势、迈上新台阶提供强有力的保障。

（一）突出"主线"促发展

新常态下，发展仍是第一要务。"三严三实"专题教育中，深圳市委紧紧围绕勇当"四个全面"排头兵这条"主线"，对照"三严三实"要求，教育引导党员领导干部拿出更加优良的作风、更加有力的举措，进一步激发深圳发展的动力和活力。

2015年5月，深圳市第六次党代会召开，党代会报告事关新时期特区的长远发展而备受关注。鲜为人知的是，党代会报告起草工作历时一年多，市委主要领导先后7次召开会议讨论研究报告，形成了45份总结和调研报告、33份相关材料，建立了数百万字的资料库，征集各方面意见建议1586条。严谨的态度、务实的作风让报告获得社会各界的广泛认可和点赞，确立了"勇当'四个全面'排头兵，努力建成现代化国际化创新型城市"的奋斗目标，明确了"二区三市"的主要目标任务，全面部署了三方面十九项重点工作，为特区绘制了未来5年的发展蓝图。

深圳从严上要求、向实处着力，围绕贯彻落实市第六次党代会精神制定专项工作方案，把党代会报告提出的决策部署分解成254项具体任务，形成了《市第六次党代会决策部署责任分工一览表》，设立了4个工作领导小组，每个领导小组下设专责小组，按照工作方案确定的"时间表"和"路线图"，对每个工作项目抓好跟进落实，确保"事事有人干、人人有责任"。

腾讯公司董事会主席兼CEO马化腾、中国（深圳）综合开发研究院院长樊纲等知名企业家和专家学者一一走上讲台，围绕互联网驱动推动经济社会创新发展、打造忠诚干净担当干部队伍、区域经济协调发展、国际战略格局与中国外交政策、国际化视野下的经济竞争力、一流法治城市建设六个专题为特区干部们授课。为了提升干部干事创业的能力，在高标准讲好专题党课、高质量组织专题学习研讨的基础上，深圳针对如何推动特区事业发展开展系列特色培训，全市局处级干部1.5万多人次参加了培训。参加培训的学员纷纷表示，本轮培训规格高、师资强、效果好，既是"三严三实"专题教育的深化学习，也是贯彻落实市第六次党代会精神的行动动员，通过专题培训，进一步坚定了勇当"四个全面"排头兵的信心和决心，增强了"马上就办"的责任感和"办就办好"的本领。

（二）沉到"一线"抓工作

知实情方能谋实事。在"三严三实"专题教育中，深圳组织党员干部带着问题走进基层、带着感情深入群众，察民情、知不足、受教育。

深圳市委、市政府主要领导多次深入一线，专程调研老百姓反映强烈的布吉街道雨浸、深圳湾污染、城中村改造等问题。在推进社区党建标准化建设的过程中，由市委组织部领导带队，派出 10 个调研组，当面听取了 451 名社区党委书记的意见建议。针对"不严不实"问题查摆，全市成立 6 个调研组，听取了 36 家市、区直属单位和 42 家企业、行业协会、中介组织以及部分基层党员群众的意见，收集"两代表一委员"意见和建议459 条。

同时，全市组成 4 个调研检查组到 10 个区（新区）和市直机关工委、市委教育工委、市委卫生工委、市国资委党委，对全市"三严三实"专题教育工作开展实地调研检查，提出问题建议；专门成立了 10 人组成的督查暗访组，对各区、新区和市直各单位开展督查暗访工作，已到 29 家市直机关和基层单位进行了暗访，发现并反馈问题 12 个。

为让事关群众切身利益的热点难点问题，能够发现在基层、解决在一线，深圳在专题教育中还安排市四套班子领导挂点服务 205 家重点企业，了解企业的诉求，帮助企业解决经营发展中的难题；全体市、区党代表以组团的形式定点联系全市 642 个社区，2017 年以来接待群众 4.9 万人次，收集和办理社情民意 3233 件；全部 59 个街道 859 名领导干部组团驻点联系社区，今年以来收集问题 27750 条，解决落实 22214 条，占 80.1%。

（三）冲在"火线"破难题

2015 年 6 月 4 日晚 9 时，深圳二线关口综合改善工程正式启动。截至2017 年底，16 个陆路关口中除同乐关作为关口博物馆保留外，其余关口的车检通道拆除工作已全部完成。

二线关交通拥堵问题一直困扰深圳多年，在"三严三实"专题教育中，深圳市各级党员干部树立起雷厉风行、紧抓快办的作风，聚焦影响全市改革发展稳定的重点难点问题，努力解决了一批像二线关交通拥堵这样的"历史欠账"——搁置多年的深圳湾滨海休闲带西段建设启动，困扰蛇口居民多年的心头大患东角头油气库正式关停，针对深圳湾、茅洲河污染治理的深圳治水提质计划出台……一大批"老大难"问题逐步解决，让广大市民切实感受到了"马上就办"的好作风。2018年1月，国务院同意撤销深圳经济特区管理线，意味着二线关彻底退出历史舞台。

深圳还切实强化各级党政机关负责人的主体责任，对工作不力、不落实、不到位的，严格追究责任。针对违法用地、违法建筑等难点问题，深圳出台了严查严控违法建设"1+2"文件，每年开展一次全市查违共同责任考核，各区（新区）和各相关部门等查违共同责任单位考核不合格的，对其单位及党政主要领导予以通报批评，分管领导停职检查，履职不到位的承办部门领导责令辞职，以严格问责推进历史遗留违法建筑的综合治理。

同时，以强力督查手段狠抓落实，督促各区各单位认真贯彻好市委、市政府的各项决策部署。市委督查室对党代会报告确定的具体任务进行全面督查，对中央八项规定执行情况、省委巡视组反馈意见、全市深化改革项目、市委常委会决策部署等开展专项督查。针对群众路线教育实践活动问题台账进行全面排查梳理，加大督查督办力度。

（四）守住"底线"保廉洁

为了健全常态化的党内监督机制，2015年9月，深圳出台了《中共深圳市委关于全面开展巡察工作的意见》，明确了巡察机构、巡察对象、线索和问题处置方法，巡察结果作为干部考核依据。2015年11月23日，深圳正式启动了首轮"不作为、慢作为、乱作为"专项巡察工作。5个市委巡察组分别进驻罗湖区、坪山新区、龙华新区、市发改委、市水务局，开展为期一个月的巡察。群众反映有关问题有了一个更直接、更有力的渠道。

在"三严三实"专题教育中，深圳通过多项举措立规矩、严执纪，确保践行"三严三实"成为领导干部长期坚守的行动自觉：全面清理党委政府的权责界限，研究起草《政府部门权责清单管理办法》，推进党委部门权责清单编制工作，明确职权运行流程图；出台《关于落实党风廉政建设党委主体责任和纪委监督责任的若干规定》，包括"一案双查"、履责报告制度、履责约谈制度、履责检查制度在内的多项保障举措得到进一步强化；加强领导干部经济责任审计结果运用，将审计结果与干部选拔任用相挂钩，自开展审计结果评议以来，共有 4 名现职干部被免职，1 名退休干部被严肃追责，切实维护了党纪党规的严肃性；整治领导干部中存在的不守规矩、不想作为、不敢担当等突出问题，共对 62 名处级以上领导干部进行了问责处理。

统计数据显示，仅 2015 年，深圳共查处违规收受礼品礼金、公款吃喝、违规使用公车等违反八项规定的问题 21 起、处理 22 人，对群众反映的 800 多个问题做出处理和反馈，处理结果满意率达 90%。

三　以"关键少数"营造良好生态

领导干部带头的示范作用至关重要。领导干部的学习水平，在很大程度上决定着工作水平和领导水平；领导干部的学习态度，对于普通干部和党员群众具有重要的示范和引导作用。坚持领导带头抓学习，才能营造"重视学习"的良好氛围。领导干部带头自觉学习，体现的是政治信念、政治觉悟，反映的是理论水平、思想品格，彰显的是事业追求、能力水平。各级领导干部带头才能一级抓一级，层层抓落实，推进学习贯彻习近平总书记党建思想的各项要求才不会悬空。面对新的形势和新的任务，党的各级领导干部要时刻牢记，自己既是学习习近平总书记党建思想的组织者、领导者和实施者，也是重视学习的模范，勤于学习的先锋，善于学习的表率，在推进学习贯彻习近平总书记党建思想方面真正发挥表率作用。

（一）以"标准 +"为引领，打造精品特色社区

深圳南山区努力践行"城市基层党建就是以街道社区党组织为核心，有机联结单位、行业及各领域党组织，实现组织共建、资源共享、机制衔接、功能优化的系统建设和整体建设"，推出精品特色社区创建，以系统化"增能"提升党委统领社区各类事务的能力，以品质化"增质"提高精致温馨服务水平凝聚党员群众，以特色化"增效"引领示范推动全区社区共同发展，让社区党建工作更加适应城市发展趋势，更加符合党员群众需要。

一是立足"增能"提升社区党委核心引领能力。深圳南山区委在推进

社区党建标准化的基础上，挑选 9 个已经达标的社区创建精品特色社区，争取 3—5 年持续用力，在全区 101 个社区实现全覆盖创建。建立一套全面的制度体系、一套完整的工作流程、一个统一的工作系统和一个资源丰富的工作平台，明确社区人员管理、决策议事、办事服务、资源统筹的操作方法，让社区知道精品特色社区工作从哪里开始抓、抓什么。以"区委书记项目"下达创建任务，通过诫勉谈话、重奖重罚等措施，倒逼街道党工委和社区党委思党建、谋措施、抓落实，将区委的顶层设计变为服务群众的具体实践；组织社区党委书记到先进社区蹲点学习，开展社区党委书记和后备干部系统培训教育，组织"两代表一委员"深入社区调研，通过多种方式为创建工作创造必要的工作条件。

二是立足"增质"提高社区党委服务水平。围绕精品特色社区创建工作的关键因素，出台创建标准和实现路径，明确应具备的 3 类 11 条工作标准，各社区在此标准上探索制定符合党员群众需求、具有鲜明区域特色的工作实施方案。在社区党群服务中心建设方面，严格控制行政办公面积不大于服务中心总面积的 30%、社区党委书记办公面积不超过 9 平方米，实现服务群众场所面积最大化。在提升服务水平方面，实行一窗口受理、一站式服务，引入各类服务终端，采取"预约服务"、弹性安排工作人员上班时间等措施，建立按需服务工作机制。在创新党群服务方式方面，建立服务项目从征集、落实到整改提升的闭合式管理工作机制，集约化使用服务场地，引入社会力量开展社区服务，确保党群服务中心每天都对外开放、每天都有服务项目。

三是立足"增效"引领示范推动社区共同发展。社区党委在一线工作，能更深入了解民情，更深入发动社区各类组织群体，更精准解决民需民情，让党员群众深刻体会到"惠从何来"。创建工作启动后，探索"1＋1＋N"（一个核心＋一个服务平台＋N 个服务品牌）、"三系统两阵地一平台"等党建模式，进一步巩固社区党委的核心引领作用；打造"小区党支部接待室""阳光议事厅"等党员群众喜闻乐见的议事平台；开展"22225880 呼援热线""和谐海滨居民互助会"等一批特色烙印的"定制"服务，补齐短板，增强党员群众对社区的归属感和认同感，实现党员群众与社区融合共生发展。

（二）以党支部标准化筑牢战斗堡垒，推进"两学一做"常态化制度化

盐田区按照市委大抓基层大抓支部的部署要求，针对基层党支部不同程度存在的党味淡化、活动虚化、作用弱化等问题，从组织建设、工作职责、党员管理、制度建设、党群服务、阵地建设 6 个方面固本强基，在全区 469 个党支部推行标准化建设，把"两学一做"融入日常、抓在经常，全面筑牢党的基层战斗堡垒。

一是建设一个好班子，着力配强基层党支部的"领头雁"。明确党支部设置、支部委员任期、换届选举等工作要求，并根据不同党支部类型，对选优配强基层党支部书记提出具体要求和原则方向，对支部班子成员特别是支部书记空缺的，原则上在 2 个月内完成增补。明确党支部、党支部书记、党建组织员的主要职责，除履行党章赋予的基本任务之外，强调党支部要落实抓好"两学一做"学习教育，党支部书记要聚焦党建主业，推动辖区各项工作品质跃升，确保基层党的组织应建尽建、设置规范、调整及时，班子配备导向鲜明、结构合理、责任明确。

二是培养一支好队伍，着力提升党员对标学做的"原动力"。注重发展党员向非公企业、高知识群体和基层社区倾斜，连续 3 年未发展党员的党支部应向上级党组织提交书面说明。突出经常性教育原则，将"两学一做"学习教育内容纳入支部日常学习的范围，明确党支部班子成员与党员每年培训学时，把思想理论武装触角延伸到基层。按每年每名党员 500 元的经费标准列入财政预算，用于采购学习资料和开展活动，对新成立的党支部一次性核拨 5000 元启动经费完善学习资料库，加强党支部活动阵地和宣传阵地建设，完善学习档案资料管理。

三是构建一套好机制，着力抓实党建主体的"责任田"。根据党支部标准化实施意见，分类制定国企党支部、机关事业单位党支部、"两新"组织党支部、社区党支部 4 类党支部 89 项工作任务分解表，要求每一类型党支部对照工作任务分解表进行自查，年终开展标准化验收。重点强调"三会一课"制度、党建全程纪实制度、重大事项参与制度、支部书记约谈制度、党建双向述职制度五项制度，严格落实党的组织生活制度。通过狠抓制度落实，较好解决了基层党建工作责任制落实不到位的问题。

四是形成一种好作风，着力搭建联系服务群众的"民心桥"。把开展"支部服务行动"、推行"党员亮身份"、密切联系党员群众、党员志愿活动、帮扶困难群众五项党群服务的主要内容加以规范。要求党支部围绕服务中心，推广"一线工作法"，转变作风，深入基层服务群众，重点帮助解决实际问题。通过加强支部作风建设，进一步引导党员立足岗位做贡献，推动"两学一做"学习教育在为民服务中得到深化拓展，见到实效。

（三）构建"1+3+1"党建职责清单，锁紧书记抓党建的责任链条

深圳大鹏新区自2015年开始，抓住"落实责任"这个关键，编制出台各级党组织及其班子成员抓党建职责"1+3+1"清单体系，确保基层党建工作干有标尺、赶有方向、评有依据、做有目标。2016年，在全市基层党建7项重点任务8项指标中，新区有7项名列全市第一；在全市第一批"社区党建标准化"达标验收工作中，新区达标率达到76%的较高水平。

一是纲举目张，全面构建形成责任体系。紧紧围绕"落实责任"这个关键，对各级党组织、党组织书记及班子成员的党建责任进行归纳梳理，编制党建工作职责清单"1+3+1"体系，即1个实施方案、3份党建工作职责清单和1个考核办法。坚持分级分类原则，责任清单覆盖"三级七岗"，"三级"即新区、办事处（区直机关）、社区三个层级，"七岗"即新区党工委、新区机关党委、新区直属单位党组织、办事处党工委、办事处直属机关党组织、社区党组织、"两新"组织七个领域党组织。层层签订"书记抓党建工作目标责任书"，锁紧责任链条。定期对各单位管党治党责任开展分析研判，对获"差"评党组织书记及班子成员调整岗位。

二是科学规范，明晰党建工作职责边界。根据"三级七岗"所覆盖的不同层级、不同领域党组织岗位性质、工作特点，详细梳理各级党组织、党组织书记及班子成员应当承担的党建工作责任。在认真论证并征求各方意见基础上，设置指标化、数字化的具体职责，明确规定完成任务的数量指标，把党建工作责任由定性转向定量，有效推动党建责任由"软"变"硬"、由"虚"变"实"，使各级党组织"一把手"和班子成员对自己应当承担的工作责任一目了然。党建工作职责清单厘清了党建与一般业务边界，促进了党建工作清晰化、规范化、标准化。深入实施加强基层党建

"书记项目"，落实书记"党建第一责任人"职责，坚持党建工作和中心工作一同谋划部署。

三是强化责任，常抓不懈推动基层党建。建立健全党建工作责任考核评价机制，明确党建工作责任的考核主体、考核对象、考核内容、考核结果运用等。把抓基层党建工作情况纳入领导班子、领导干部年度考核的重要内容，把抓好党建作为最大政绩，坚持业绩考核考党建、工作述职述党建、民主评议评党建、评先奖优比党建、选拔任用看党建。建立健全督促检查机制，经常性对各单位管党治党责任落实情况、党建工作阶段性任务完成情况进行检查督办，定期对领导班子运行情况进行分析，将班子分析考核结果记入"一把手"实绩档案，作为"一把手"选拔调整的重要参考依据。

（四）选派"第一书记"，强化重点行业协会党建工作

深圳市现有行业协会 525 家，联系服务会员 10.4 万个，从业人员 519 万人。针对部分重点行业协会党建工作基础薄弱的问题，2016 年以来，深圳以实施市委书记"加强社会组织党建工作"书记项目为契机，把行业协会党建作为重中之重全力推进，通过选派"第一书记"，实现了全市重点行业协会"两个全覆盖"。

一是选贤举能，精准选派。2016 年 12 月，市委组织部从市直机关在职和退休党员干部中选出 18 名长期在机关工作，具有丰富党务工作经验和较高专业素质的局处级领导干部，派驻到党建工作薄弱的重点行业协会担任"第一书记"。把全市 307 家重点行业协会划分为金融服务、质量创新、绿色环保等 18 个大类，有针对性地把"第一书记"逐一派到专业对口、关联度高的行业协会中，1 名书记分别抓一批行业相近、产业相邻的行业协会党建工作。"第一书记"发挥机关干部和派出单位职能优势，协调争取各方资源，帮助协会和会员单位解决问题和困难，如健康产业类联合党委"第一书记"卢丽的派出单位是市发改委，主动为各协会及会员申报项目提供协助，受到各协会欢迎，推动党建工作顺利开展。

二是协调各方，加强保障。一是市委组织部（市"两新"组织党工委）发挥牵头抓总、督促指导作用。制定《"第一书记"工作办法》，建立工作例会制度和周报台账制度。每一大类配备 1 名党建组织员，协调派

驻单位、市机关事务管理局等提供必要的党建办公场所，并为新成立党支部提供启动经费。二是 18 名"第一书记"所在单位党组织关心支持配合工作。派出单位领导定期听取工作汇报，指导推进工作，出席"第一书记"召集的党建工作会议。三是市社会组织党委把此项工作定为年度"书记项目"。通过向各行业协会下发通知、召开动员部署会、业务培训会、工作推进会、现场交流会等方式加强指导、督促推进，并对不重视不支持党建工作的行业协会行政约谈或执法检查。

三是明确目标，全力推进。一是明确"第一书记"工作职责。以组建党的组织、开展党的工作为主责，推动行业协会将党建工作写入章程，建立双向互动制度，开展"两学一做"学习教育，发挥党组织政治核心作用和党员先锋模范作用。二是指导行业协会加强配合。"第一书记"主动上门，协调指导行业协会开展党建工作。通过做好摸底调查，分析研判，指导协会及时组建党组织。三是创新方式，扎实推进。"第一书记"通过实地走访、定期召开座谈会、组建工作交流 QQ 群和微信群等多种方式，线上线下沟通，及时了解协会党建工作进展，发布信息、答疑解惑，加强统筹指导。仅半年多时间，新组建行业协会党支部 112 个，基本完成 18 大类行业协会联合党委组建任务，行业协会党组织覆盖率提升到 90% 以上，并逐步延伸到会员单位。

第四节　深入推进党风廉政建设和反腐败斗争

党的十八大以来，党中央勇于面对党内存在的突出问题，以顽强的意志品质正风肃纪、反腐惩恶，党的纪律建设明显加强，反腐败斗争压倒性态势已经形成并巩固发展。深圳市在中央和省委的领导下，以强烈的政治担当履行全面从严治党主体责任，坚定不移推进党风廉政建设和反腐败斗争，营造了特区风清气正的政治生态。为经济社会发展大局提供了坚强的纪律保障，实现了改革发展与正风反腐双线飘红的良好局面。

一　落实八项规定精神，坚决反对"四风"
2012 年 12 月 4 日，中央政治局对改进工作作风、密切联系群众工作做出了八项规定。2013 年 6 月，历时一年多的以反对形式主义、官僚主义、享乐主义和奢靡之风为主要任务的党的群众路线教育实践活动在全党开展。这两项重大举措标志着全党作风建设进入了新的阶段。深圳市坚决贯彻中央要求，认真落实八项规定精神，坚决反对"四风"，着力解决群众反映最强烈最突出的问题。

（一）坚决落实八项规定精神

深圳出台专门实施意见，将监督执行中央"八项规定"和市委实施意见作为一项经常性工作，制定监督检查办法，对违反规定的要责令整改，对情节严重的要严肃处理并予以通报。督促落实服务联系群众各项制度，整治党员干部庸懒散奢等问题，纠正脱离群众行为。改进调查研究方式方法，精简会议活动、文件简报。严格控制行政经费支出，完善财政预决算、"三公"经费公开制度。规范领导干部出访活动，整治公款旅游行为。从严控制党政机关办公楼建设。严格执行公务接待有关制度规定，严禁用公款互相宴请和高消费娱乐活动，有效刹住奢靡之风。做好公务用车问题专项治理工作，推进公务用车制度改革。严格执行廉洁从政和廉洁从业有关规定。重点纠正领导干部利用婚丧喜庆、乔迁履新、就医出国等名义，收受下属以及有利害关系单位和个人的礼金行为。严肃查处公款旅游行为。进一步清理面向基层的检查考核项目。

（二）狠抓整饬"四风"

市委在深入开展党的群众路线教育实践活动中，公开承诺加强作风建设，出台改进作风密切联系群众的具体规定。

针对深圳党风廉政建设和反腐败工作还存在薄弱环节，如涉及旧改拆迁、工程建设、政府采购、集体资产处置等方面的腐败问题仍然多发，涉及"一把手"的违纪违法案件时有发生，一些基层领导干部腐败问题仍比较突出，"四风"问题不同程度存在，违规公款消费问题治理需继续加大力度等现象，加大预防和处理力度，严禁领导干部违反规定干预和插手市场经济活动，严禁利用职权和职务影响为配偶、子女以及其他亲属经商办企业提供便利条件。严格执行住房、车辆配备等有关工作和生活待遇的规定。严格执行领导干部离职或退休后的从业规定。严格落实领导干部报告个人有关事项制度，健全定期抽查核实、汇总分析制度。加强对配偶子女均移居国（境）外的国家工作人员的监督和管理。继续整治违规收送礼金问题。2013年，开展公务接待厉行节约、"擦亮窗口"等专题行动，研究制定领导干部及其亲属有关事宜报告和监督检查制度。针对培训中心奢侈浪费问题，督促整改完善相关制度。加强对执行作风建设制度的监督检查。围绕公务接待、公务用车、差旅费管理、出国（境）经费管理等方面制度，对执行情况开展监督检查，从源头上遏制"四风"问题。

（三）党风廉政建设取得显著成效

深圳对落实八项规定、反对"四风"工作，特别是针对"四风"形式的变异，坚持暗访、曝光、查处、追责"四管齐下"。对不收手不知止、规避组织监督的从严查处。加大整治力度，重点治理收送"红包"礼金、违规公款吃喝、违规使用出国（境）证照等突出问题，既要整治乱作为，又要整治慢作为、不作为，推进作风建设常态化、长效化。对发现的问题责令整改，涉嫌违纪的予以立案调查。

2013年，会议文件简报减幅达50%以上，"三公"经费支出下降11.5%以上，市级考核检查项目压减81%，党政机关楼堂馆所建设得到从严控制，违规公款消费现象得到有效遏制。12家重点单位对95个窗口服务实行集中治理，市民群众满意度达到96%。清理党员干部违规领取房改住房补贴1000多万元。严肃查处了22起涉及违规收送购物卡、公款吃喝、公款旅游、脱岗打高尔夫球、私设"小金库"吃喝送礼等顶风违纪案件。

2014年，全市查处违反中央八项规定精神的问题72件81人，党政纪处分32人。其中，违规使用公务用车35件，违规收受礼品礼金10件，违反工作纪律、庸懒散9件，违反工作日中午禁止饮酒规定7件，公款旅游、送礼、奢侈浪费5件。有7件违纪典型案件被中央纪委、省纪委公开通报。开展专项治理。清理考核检查项目，市级从116项减至11项，区级从723项减至111项。整治"会所歪风"，关停、转型违规私人会所6家。清理、拍卖28张国有企业公款购买的高尔夫球会员卡。

2015年，查处违反中央八项规定精神的问题力度不减，44人因此被党纪政纪处分，22个典型问题被点名道姓通报。开展党员干部违规经商办企业的专项整治，立案审查93人。整治收受"红包"礼金问题，党员干部主动上交廉政账户金额折合人民币1510万元。

2016年，全市共查处公款吃喝、公款旅游和违规发放津贴补贴等案件53起63人，给予党纪政纪处分50人，通报曝光案例18起，中央纪委、省纪委通报我市典型案例9起。在开展的明察暗访中，发现和处理"隐形四风"等问题57个。严查群众身边的不正之风和腐败问题，全市共排查基层党员干部违纪线索2512件，立案751件，党政纪处分517人，增长89.4%，移送司法机关处理39人。加强对对口扶贫领域的执纪监督，受理问题线索3件，澄清了结3件，防止弄虚作假、侵占挪用扶贫资金等违纪违法问题发生。

尽管十八大以来深圳党的作风建设取得了明显成效，但市委对于落实八项规定、坚决反对"四风"的决心不变，力度不减，并深入研究"四风"问题新动向新特点，掌握其变化规律和深层次原因，增强打击的精准度和治理的针对性，实事求是地修订完善改进作风、强化执行力的相关制度措施，进一步健全改进作风的长效机制，有效防止反弹回潮。

二　坚决惩治腐败，保持反腐败斗争的高压态势

腐败是人民群众最痛恨的现象。中国共产党对于反腐败问题的立场一向是十分明确的，始终保持高压反腐的态势，党的十八大之后的反腐败力度，更是达到史无前例的高度。

（一）反腐败斗争的系列举措

坚持反腐败工作"无禁区、全覆盖、零容忍"。坚决查处严重违反党的政治纪律、组织纪律、保密纪律的行为；重点查处十八大后不收敛、不收手，问题线索集中、群众反映强烈，现位居重要岗位且可能还要提拔使用的领导干部；严肃查处发生在领导机关和重要岗位领导干部中插手工程建设、土地出让、侵吞国有资产、买官卖官、腐化堕落案件；严肃查处腐败系列案；严肃查处基层违纪违法、侵犯群众权益的案件。充分发挥反腐败协调小组作用，完善查办案件的组织协调机制，加强上级纪委对下级纪委纪律审查工作的领导，落实下级纪委向上级纪委报告线索处置和案件查办情况制度，健全重大案件督办机制。强化问题线索管理，按照拟立案、初核、谈话函询、暂存、了结五类标准分类处置，定期清理、规范管理。

发现问题线索迅速查处，及时给予处分、做出组织处理。提升案件核查率，实名举报必须核查。坚持快查快结，提高结案率。坚持抓早抓小，对苗头性倾向性问题早发现、早处置，及时约谈、函询、诫勉。加强案件审理工作，履行审核把关和监督制约职责。完善典型案件剖析机制，查办案件与警示教育、制度预防同步推进，发挥查办案件的治本效果。

2012年，从快从严查处"三打两建"（指打击欺行霸市、打击制假售假、打击商业贿赂、建设社会信用体系、建设市场监管体系）行动中发现的腐败案件，建立全市商业贿赂犯罪档案查询系统和重点领域"黑名单"制度。2013年，深圳市开展教育、医疗卫生、政府物业经营管理等重点领域廉洁从业专项治理。解决食品药品安全、保障性住房、征地拆迁、环境保护、安全生产、执法司法、公务员招录和国有企事业单位招聘等存在的问题。开展对工程建设领域、市场中介组织以及处理违法建筑等突出问题的专项治理。开展机关作风明察暗访活动，集中通报一批典型案例。

（二）反腐败斗争的查处力度

2012年，全市立案227件，同比上升31.2%，2013年、2014年、2015年、2016年分别同期上升40%、99%、19.4%、21.2%，从2012年到2016年立案涉及的领导干部，局级92人，处级510人。配合中央纪委、省纪委查处一批重大案件，协助上级和其他省市纪检监察机关查办案件近2000件。

2012年以来，严肃查处了中共深圳市委卫生工委原书记江捍平，市水务局原局长张绮文，市中级人民法院原副院长黄常青，市振业集团原党委书记、董事长李永明，深圳机场集团原党委书记、董事长汪洋，罗湖区原副区长邹永雄等一批重大案件，形成了有力震慑。

三 严明党的纪律，保障各项决策部署贯彻落实

党的纪律是党的生命，是党完成任务目标的保障。根据中央的要求，深圳市委坚决把纪律挺在前面，着力运用好监督执纪"四种形态"，发挥监督执纪在服务大局、保障中心工作落实中的重要作用。

（一）围绕重点领域开展纪律检查

首先是严格执行政治纪律。严肃查处违反政治纪律行为，决不允许公

开发表同中央决定相违背的言论，决不允许"上有政策、下有对策"，决不允许有令不行、有禁不止。克服组织涣散、纪律松弛问题，坚决纠正无组织无纪律、自由主义、好人主义等现象。认真查找和纠正党性党风党纪方面存在的问题。

其次是围绕市委、市政府重大决策，开展纪律检查。对供给侧结构性改革、前海开发、东进战略、转型升级、强区放权、城市管理治理年、全市自主创新等重大决策部署进行监督检查。对战略性新兴产业发展、"质量强市"、节能减排、环境保护和节约用地等重点工作以及轨道交通、保障性住房、西气东输等一批重大投资项目进行监督检查，对查违拆违、治水提质、轨道交通、安全隐患整治、重大民生工程和民生实事重点督办，协调督促解决工作推进中的难点问题。加大援疆工作监督检查力度，保障对口建设项目进展顺利。加强廉洁城市建设的组织协调，在法治改革、社会建设、诚信体系和道德文化建设等方面取得新进展。强化党风廉政建设责任分工、责任考核和责任追究，推动反腐倡廉各项任务有效落实。加强对"三打两建"行动、机关作风建设等重大工作的监督检查，及时发现和纠正一批问题，促进工作健康开展。2013 年，通过查处坝光项目拆迁系列案，有效推动政府重大项目的进展。2015 年，在检查中就解决政令不畅、推诿扯皮、为官不为等问题 53 个。对安全生产事故、执法监管不到位、行政效率低下等问题，问责 9 个单位、51 人。

问责和查处个人只是手段，主要目的在于发现更好的解决问题的方法。2013 年，通过坚持查案推进制度建设，推动出台股份合作公司试点改革及"三资"管理意见，堵塞制度漏洞。2014 年结合查处的典型案件，通过剖析领导干部插手公共资源配置案件，推动完善公共资源市场化配置机制。通过剖析积分入户造假受贿案，推动规范审批自由裁量权。通过剖析社区股份公司腐败案，推动社区集体"资产、资金、资源"规范管理。通过剖析系列案，推动堵塞腐败漏洞。坚持强化基层办案。要求区纪委线索处置、查办案件在向区委报告的同时向市纪委报告，加强对基层办案的指导。

（二）实践监督执纪"四种形态"

把党的纪律和规矩挺在前面，用纪律和规矩管住大多数，做到有规在先、抓早抓小，不仅可以使干部严格遵守党纪国法，而且能够预防干部在错误的方向上越走越远。深圳市认真落实运用监督执纪"四种形态"的工作方针，着力在第一、第二种形态上下功夫，把执纪监督的关口前移，依靠纪律管住大多数干部，抓早抓小、防微杜渐，对反映党员干部的苗头性、倾向性问题，及时约谈教育，防止小错酿成大错。对反映失实的要及时澄清，保护党员干部干事创业积极性。

2014 年纪检监察机关约谈、函询 224 人，对轻微问题及时提醒、教育。通过核查等方式，给 431 名干部澄清了信访反映的问题。2015 年信访约谈、函询 227 人。针对违纪问题党纪处分 591 人，其中轻处分 342 人，占 57.9%；重处分 249 人，占 42.1%；移送司法机关 57 人，占 9.6%。坚持实事求是，为反映失实的 521 名党员干部澄清了问题。2016 年开展全市新提任局级干部任前廉政谈话 117 人次，全市各级党组织共开展谈话提醒 10028 人次，纪检监察机关约谈、函询 172 人次。给予党纪轻处分 387 人、重处分 338 人、涉嫌违法移送司法机关 72 人，运用后三种形态做出处理的人数分别占受处分人数的 53.4%、36.7% 和 9.9%。为反映失实的 517 名干部澄清了问题。2016 年，深圳市正式出台《深圳市谈话提醒工作实施办法（试行）》《市纪委、市监察局谈话函询暂行办法》，规范谈话提醒、约谈函询的内容、方式和程序，完善抓早抓小机制。

四　加强反腐倡廉体制机制建设，从源头上预防腐败

（一）落实"两个责任"

在党风廉政和反腐败工作中，各级党委（党组）负主体责任，各级纪委负监督责任。简称"两个责任"。

1. 党委的主体责任

各级党委落实党风廉政建设的主体责任，主要体现为加强对党风廉政建设的统一领导，完善党风廉政建设领导小组工作制度。

党委主要负责人要对党风廉政建设重要工作亲自部署、重大问题亲自过问、重要环节亲自协调、重要案件亲自督办。各级党委要明确从严治党职责，开展理想信念宗旨和党风廉政教育，加强作风和纪律建设、坚决惩治腐败。对主体责任落实情况，要定期向上级党委和纪委报告。实行各

区、市直部门党政主要领导向市委书面述廉制度。继续在纪委全会开展述责述廉述德活动。派驻机构要推动驻在部门党委（党组）落实主体责任。

在市委的领导下，党的组织、宣传、政法等部门把党风廉政建设和反腐败任务融入各自工作，人大、政协要发挥法制建设和民主监督作用，市、区政府及所属部门要充分履行行政监管职责，法院、检察院要依法惩处职务犯罪行为。制定实施党风廉政建设责任制检查考核办法和追究办法，加大追责力度。对发生重大腐败案件和严重违纪行为的单位，实行"一案双查"制度，既要追究当事人责任，又要追究相关领导责任。在这期间，配合中央、省委巡视组做好对深圳市及所属区的巡视工作，协助线索初核、约谈、专项审计等工作，对移交的线索进行调查，对整改情况进行督办。

主体责任不仅体现在反腐倡廉上，而且体现在党的领导和党的建设上。在全面从严治党的形势下，为了鼓励干部勇于担当，积极作为，2016年，深圳出台《关于支持改革创新建立容错纠错机制的若干规定（试行）》，以"三个区分开来"为原则，把干部在推进改革中因缺乏经验、先行先试出现的失误和错误，同明知故犯的违纪违法行为区分开来；把上级尚无明确限制的探索性试验中的失误和错误，同上级明令禁止后依然我行我素的违纪违法行为区分开来；把为推动发展的无意过失，同为谋取私利的违纪违法行为区分开来。明确容错的范围、内容和保障机制，支持和鼓励全市党员干部大胆创新、勇于担当。这是深圳市委在全面从严治党实践中勇于担负主体责任的突出体现。

2. 纪委的监督责任

监督责任的主要机关是各级纪委。因此，各级纪委要履行监督责任，加大正风肃纪和腐败案件查处力度。落实"查办腐败案件以上级纪委领导为主，线索处置和案件查办在向同级党委报告的同时必须向上级纪委报告"的要求；会同市委组织部制定实施"各级纪委书记、副书记的提名和考察以上级纪委会同组织部门为主"的具体办法。优化市级纪检监察派驻机构设置，推行各区（新区）派驻机构垂直管理，实现监督全覆盖。研究制定加强上级纪委对下级纪委领导的工作意见，规范各区和市直各单位纪委向市纪委定期述职、约谈汇报制度。发挥市、区两级反腐败协调小组作用，加强同司法、审计等机关协调配合，健全工作机制。完善信访、案件监督管理、舆情处置等信息系统，借助科技手段加强反腐败工作。市纪委、市监察局要在案件检查、审理、预防腐败、政策法规研究、纠风等方面形成合力。建立完善责任追究通报制度，坚持"一案双查"，对违反党的政治纪律和政治规矩、组织纪律；"四风"问题突出，发生顶风违纪问题；出现区域性、系统性腐败案件的部门和单位，既追究主体责任、监督责任，又严肃追究领导责任。

纪委的监督责任一个重要体现是对下级组织开展巡察工作。深圳市开展专项巡察，对责任不落实，导致换届风气不正、纪律松弛、存在非组织活动的，一律严肃问责。2015年出台全面开展巡察工作意见，组织对罗湖区、坪山新区、龙华新区和市发改委、市水务局开展首轮巡察，发现并督促整改问题32个，发现违纪线索71件。推进区纪委派驻、巡察、执纪审查"一体化"监督，党员领导干部"八小时以外"监督等试点工作。2016年建立举报平台，对违反纪律的举报优先核实、限时办结。成立8个市级、34个区级风气监督组开展专项巡察。全面核查反映区几套班子成员、街道"一把手"的历史遗留信访举报18件13人，审核排查换届涉及的党员干部441人，全市纪检监察机关共办理干部党风廉政情况回复28154人次，防止"带病提拔""带病上岗"，实现"零有效投诉、零干部违纪、零群众上访"。2016年完成首轮对3个区、2个市直单位的巡察，梳理问题线索95条，提出整改建议57条，给予党政纪处分11人。扎实推进第二轮对市属5家单位的巡察。

纪委的监督责任另一个重要体现是开展派驻监督工作。通过核查、专题调研、诚勉谈话、督促整改等方式，加强对驻在部门及其班子成员的监督。2012年，调整增设市级纪检监察派驻机构，扩大了监督覆盖面。2016年出台加强市纪委派驻机构建设的意见，这一年，市纪委派驻机构共立案127件，增长60.8%。

2015年，深圳市出台党委主体责任和纪委监督责任若干规定，列出责任清单，明确追责办法。共有11个党委（党组）班子、15名领导干部，因单位连续发生腐败案件或严重"四风"问题，被追究主体责任；5名领导干部被追究监督责任。2016年市委制定以"一把手"为主责的党风廉政建设主体责任清单，推动各区、街道、社区层层落实"两个责任"。组织 2 个区和 5 个市直单位党委（党组）"一把手"在市纪委全会上述责述廉述德并接受评议。共追究 5 个领导班子、2 名领导干部的主体责任和 1 名领导干部的监督责任。

（二）强化对权力运行的监督制约

对权力进行有效的监督制约，是根治腐败的治本之策。深圳一直在探索从源头上预防和惩治腐败的有效形式。

1. 完善监督机制

制定深圳市落实中央惩防体系 2013—2017 年工作规划和省委实施意见的具体办法，科学有效预防腐败。落实党内监督各项制度，加强和改进对领导干部特别是主要领导干部行使权力的制约和监督。严格执行领导干部担任公职和社会组织职务、出国定居等相关制度规定，开展领导干部及其家属违反规定经商办企业问题的专项清理，反对特权思想和作风。开展向纪委全会的述责述德述廉活动，各区、新区和街道"一把手"在届内至少参加一次"三述"活动。对领导干部报告个人有关事项的情况开展有针对性的抽查核实。对"一把手"违纪违法的信访线索重点核查，开展述职述廉、任前廉政谈话、经济责任审计、领导干部报告个人事项等工作。加强行政监察、绩效管理和审计工作，开展重点领域行政执法监督检查专项行动，强化对政府职能部门履行职责情况的监督。深圳市还成立了市预防腐败局，制定了纠治违规收送礼金、国有企业廉洁从业等一批法规制度，初步形成廉政法规制度体系。

2. 以全面深化改革为动力，规范权力运行

继续深化行政审批制度改革。2012 年，通过行政审批制度改革，市级审批事项清理幅度达 32.2%，提请省取消、下放事权 125 项，网上审批办理率达 97.1%，一批政府事项由社会组织承接，政府职能进一步转变。2013 年，通过优化审批流程，减少审批环节 334 个，压缩审批时限 626 个工作日。

积极推进投融资体制改革。发挥市场配置土地资源作用，防止领导干部插手或干预变更土地功能、调整容积率、土地置换、土地整备、城市更新等事项。推进政府投资工程管理体制改革，完善工程建设项目招投标制

度，规范政府投资管理，防范因资金大规模流动造成的廉政风险。

推行商事登记制度改革。2012 年，出台《深圳经济特区商事登记若干规定》（2012 年 10 月 30 日通过，2013 年 3 月 1 日起实施），实现审批与监管相统一，压缩权力寻租空间。

实行公立医院管办分离改革。全面取消药品加成，减轻患者负担。推进公立医院药品集团采购改革。2016 年，推动医疗系统药品、耗材和器械供应链改革，推进工程领域招投标改革，加强源头治理。

深化以案治本工作。深入剖析典型案件，加强调查研究，查找制度漏洞，推进管理体制改革，督促加强制度建设。比如，曾深入剖析市水务系统、市科创系统和罗湖区教育系统系列腐败案，推动完善体制机制。

指导社会组织防治腐败。2013 年出台社会领域防治腐败工作意见，指导非公经济组织、市场中介组织、社会组织、事业单位、国有企业和基层群众性自治组织开展防治腐败工作。

加强对社区股份合作公司的监管。2016 年，推动修订社区股份合作公司条例，健全权力制衡的治理架构。研究制定社区党组织书记、股份合作公司董事长等一把手权责清单，建立重大事项决策报告、留痕、公开等制度，推行任前廉政考核把关、离任经济责任审计等措施。运用科技手段，完善集体资产交易、集体资产管理、财务实时在线监管和出国（境）证照管理"四个平台"，实现社区股份合作公司人、财、物的规范管理。

建立信用信息系统。深圳先后颁布实施《深圳市个人信用征信及信用评级管理办法》《深圳市企业信用征信和评估管理办法》等地方规章，并研究拟定《深圳经济特区企业信用促进条例》，使诚信体系建设有法可依、有章可循。同时，加强统筹规划，打造信用信息共享平台。不断完善"深圳市个人信用征信系统"，累计提供各类信用报告 5000 多万份，被广泛运用于政府行政审批、奖项评定、金融机构信贷审核、求职招聘、投资担保和典当融资等各领域，为防范和化解信用风险，推进诚信体系建设起到了积极的作用。开通运行"深圳市企业信用信息系统"（深圳信用网），集成了全市行政机关、司法机关和行业协会、公用企事业单位提供的 137 万多家各类市场主体的相关信息共 4310 万条。其中，系统"黑名单"数据库收录了包括各类行政处罚、欠税、恶意欠薪等信息在内的企业不良信用记录达 108 万条。开发政务信息资源共享电子监察系统，在电子监察平台设立中央数据库，实现 629 类证照信息的同步查询、共享和数据返还，由后置审批部门进行强制比对，即时监控有关企业实行诚信管理的情况。

另外，推进廉政风险分级管理，对拟出台的制度进行廉洁性评估，消除廉政隐患；规范司法自由裁量权；建立健全信访举报、案件查办、廉洁自律、预防腐败等反腐倡廉智能化管理平台，有效发挥科技防腐作用；出台政府采购条例实施细则，进一步规范采购行为；建立行政决策评估问责机制，积极探索构建新型政商关系，营造廉洁诚信的市场环境；发挥政务微博、新闻发布会的作用，及时处理网络舆情反映的问题。

在探索预防和惩治腐败的实践中，深圳以前海建设"廉洁示范区"为依托，开展了大量创新实践。围绕把前海建设成为"最廉洁、最公正、最高效、最专业、形象最好、最与国际接轨"城市板块的要求，2015 年，出台前海"廉洁示范区"工作意见，探索"不敢腐、不能腐、不想腐"机制。通过"e 站通"政务服务改革、工程建设廉情预警、征信用信建设等途径，创新前海深港合作区廉政监督体制，形成监督合力，规范和监督权力运行。前海"廉洁示范区"建设取得突破，省纪委两次召开现场会推广经验。

（三）开展反腐倡廉教育

每年 7 月至 9 月开展全市党员干部纪律教育学习活动，是深圳反腐倡廉教育的一个品牌。自 1991 年创办以来，深圳始终坚持以改革创新精神扎实推进纪律教育学习月活动，在工作思路、方式方法、体制机制等方面进行了不懈探索，纪律教育常抓常新，教育的针对性和实效性得到进一步增强。深圳已经形成以纪律教育学习月为龙头、多项廉政教育活动为辅的反腐倡廉教育格局。

2012 年，开展以"加强思想道德建设、保持党的纯洁性"为主题的纪律教育学习月活动，举办党纪政纪法纪培训班 170 多场次。组织权力集中部门、资金密集岗位 280 多名处级干部到深圳监狱接受警示教育。提升纪律教育学习月工作水平，分层次、分岗位办好党纪政纪法纪教育培训班。对全市处级领导干部进行廉洁从政道德知识测试。2012 年还开展廉政谈心和"查找七种现象、增强五个意识"对照检查活动。突出廉洁城市宣传主题，组织各类媒体刊发文章 800 多篇。命名深圳改革开放史馆等 3 个廉政教育基地。加强行业协会自律，指导 25 家重点行业协会成立廉洁建设委员会，与 60 家社会组织签订廉洁从业责任书。开展"百课下基层"、廉洁读书月、地铁"清廉驿站"、公益广告展播等廉洁文化创建活动，推动廉洁文化进机关、企业、社区、学校和家庭。开展道德模范事迹巡讲和文明宣传活动，完善对遵守社会公德行为的奖励和保护机制。

2013 年以"严纪律、正作风、促廉洁"为主题开展纪律教育学习月活动。市委理论中心组开展廉政专题集体学习，市几套班子领导带头参加作风建设专题辅导报告会，参观反腐倡廉教育基地。举办街道党政正职纪律作风教育培训班，办好教育系统领导班子、高校中小学校长廉政警示教育专场会，组织观看廉政教育话剧。通过剖析近年我市查办的腐败案件，举办警示教育图片巡回展 20 场次。通过"直通车""民心桥""廉正直击"等廉政专栏，处理和答复群众反映的问题。在中央和省、市媒体"板块化"集中宣传我市党风廉政建设成效。打造地铁"清廉驿站"，开展廉洁读书月、廉政公益广告展播等活动。党员干部廉洁自律意识进一步增强，主动上交礼金人民币 937.1 万元。

2014 年，开展以"严明组织纪律、锻造优良作风"为主题的纪律教育学习月活动。市委理论学习中心组组织作风建设集体学习，市领导带头参加局级干部党纪政纪法纪教育培训班。各区各单位对权力集中部门、资金密集领域及重点关键岗位人员进行廉政教育，组织党员干部到廉政教育基地开展主题教育。协助央视《焦点访谈》专题报道我市街道"一把手"腐败案，发挥警示教育作用。运用典型腐败案，组织拍摄警示教育片，开展"身边案"教育。通过电视、电台、电梯、户外广告等多种媒介，发布廉政公益广告。各区通过微动漫、微电影、廉政书画等形式，开展内容丰富的廉洁文化活动。党员干部拒腐防变意识进一步增强，主动上交礼金折合人民币 1338.6 万元。

2015 年，以"守纪律、讲规矩、作表率"为主题开展纪律教育月活动。组织观看廉政话剧《沧海清风》，举办党纪政纪法纪培训班，将纪律教育作为党委理论中心组、党校主体班的重要学习内容。开展提醒教育，市领导与 60 名党政"一把手"进行换届纪律谈话，对新任 82 名局级干部集体廉政谈话。拍摄黄常青违纪案、市消防局系列案警示片，举办基层社区腐败案件图片展，加强警示教育。适应媒体融合新趋势，改版升级"深圳明镜网"，创新信息权威发布、网络监督、宣传教育平台，加强反腐网络宣传和舆论引导。在市主要媒体开设"纪律在身边""廉议汇""廉商""廉水流深""说廉"等栏目共139期，以"纪律君""防腐锦囊"等形式宣传党纪党规，开展廉政文化创建活动，形成一批廉政文化精品。做好新提任领导干部集体廉政教育工作。推进市、区两级廉政教育基地建设。加强党纪党规宣传教育，掀起学习宣传《中国共产党廉洁自律准则》和《中国共产党纪律处分条例》的热潮，分层次组织局、处级干部专题学习，组建宣讲团宣讲40多场，创作《漫话新规》和廉政公益广告，使纪律和规矩意识深入特区党员干部心中。

2016年，纪律教育月活动是以学党章、强党性、讲规矩、守纪律为主题，围绕"两学一做"学习教育，深入开展党性综合教育、党规党纪教育和优良作风教育。办好党纪政纪法纪教育培训班，建立新提任领导干部廉政谈话和党章党规党纪考试制度。围绕学习贯彻党的十八届六中全会精神和《关于新形势下党内政治生活的若干准则》《中国共产党党内监督条例》，抓好准则和条例的宣传教育。加强党委理论中心组学习，抓好党校主体班、专题报告会等党风廉政教育工作。邀请中央纪委第八纪检监察室主任王荣军同志做专题辅导报告。运用传统媒体和新媒体，通过组织宣讲、知识竞赛、警示教育等方式，使两项法规深入人心。制作播放警示教育片，举办基层腐败案例图片展。开通"廉洁深圳"微信公众号，与腾讯、报业、广电等单位合作打造反腐"融媒体"。开展以"清廉修身、廉洁齐家"为主题的廉洁读书月和家风建设教育活动，在市级以上媒体刊发稿件623篇，营造全面从严治党的良好舆论氛围。开通市纪委官方微信公众号，建设网上廉政教育平台。发掘和培育、宣传先进典型，发挥教育的引领作用。

（四）加强纪检监察队伍自身建设

加强纪检监察机关建设。落实中央纪委"转职能、转方式、转作风"要求，在内设机构、行政编制、领导职数总量不变情况下，调整内设机构，增强办案力量，聚焦主业、突出主责。完成市纪委机关、市监察局合署办公，内设机构由 23 个精简到 15 个。市纪委参与议事协调机构从 21 个精简到 11 个，各区纪委（新区纪工委）从 119 个精简到 73 个。增设案件调查部门。市纪委增设案件检查三室；市监察局增设案件调查三室、行政问责室和案件监督管理室。各区纪委、新区纪工委分别增设 1 个案件检查室。2014 年，市纪委、市监察局自办案件同比增长 143%。推进派驻机构改革。市直机关纪工委、市委教育纪工委、市委卫生纪工委、市两新纪工委与对应派驻组合署办公，实现对市级党委政府部门的派驻全覆盖。市各派驻组和前海廉政监督局立案数同比增长 261%。6 个行政区纪委新增 24 个派驻组，基层监督及办案职能进一步强化。健全纪检监察工作机制。成立市纪委、市监察局案件协调指挥小组，统一调配查办重大案件；建立案件审理联席会议制度，对副局级以上干部违纪案件，同步研究党纪政纪处分。强化内部监督管理。制定市纪委机关各部门权责清单，规范权力运行。设立市纪委干部监督室，成立纪检监察机关内务监督委员会，形成内外监督合力。制定市纪委机关落实主体责任意见，强化组织观念和纪律约束，加强对执纪审查各个环节的廉政风险防控。

加强队伍建设。健全完善干部考核评价体系。对全市纪检监察干部开展业务培训，5 年内完成轮训。2015 年，出台区纪委（新区纪工委）、市管企业、高校纪委书记副书记及派驻机构纪检组长副组长"四个提名考察办法"，出台进一步加强派驻机构建设的意见。建立与香港廉政公署合作培训机制。2016 年出台市纪委机关落实全面从严治党主体责任意见，强化领导干部"带兵意识"，对干部严格要求、严格管理。建立约谈制度，及时提醒苗头性、倾向性问题，特别是对纪检监察干部"打招呼"干扰基层工作的，要严肃处理。对涉及纪检监察干部问题的反映，坚持有信必核。对纪检监察干部违纪违法行为"零容忍"，强化内部监督制约。严肃审查工作纪律，对违规私存线索、以案谋私、跑风漏气的，发现一起查处一起。纪检监察干部牢记使命，坚守责任担当，坚持以法治思维和法治方式反对腐败，提高依法依纪惩治腐败的能力。按照新时期好干部标准严格要求，坚定理想信念，加强党性锻炼，带头纠正"四风"，树立忠诚可靠、服务人民、刚正不阿、秉公执纪的良好形象，以党风廉政建设和反腐败工作的新成效回应人民群众的新期盼。

经过长期实践，2016 年深圳起草了《深圳经济特区预防腐败条例》，《条例》以制约和监督权力运行、防止利益冲突、促进社会诚信廉洁为重点，提出多方面创新性措施。

在全市各方面的共同努力下，2015 年、2016 年，全市纪检监察机关受理的信访举报总量分别同比下降 8.9%、16.9%，查办案件数量分别同比递增 19.4%、21.2%，2016 年检控类信访举报中实名举报量同比上升22.3%，"一降两升"的工作成效清楚地表明，党风廉政建设和反腐败斗争取得了重大阶段性成果，反腐败斗争压倒性态势已经形成，也赢得了广大干部群众和社会各界的支持拥护。

第五节　以改革创新精神推进党的建设制度改革

十八届三中全会通过的《中共中央关于全面深化改革若干重大问题的决定》明确提出，要"紧紧围绕提高科学执政、民主执政、依法执政，深化党的建设制度改革"。党的十八大以来，深圳坚决贯彻党的十八大，十八届三中、四中、五中、六中全会和习近平总书记系列重要讲话精神，紧紧围绕提高党的建设科学化水平这条主线，以改革创新精神推进党的建设制度改革。

一　着力健全改进作风常态化制度

一是出台贯彻中央八项规定精神的实施意见。党的十八大以来，以习近平同志为核心的中央领导集体以改进作风开局起步，出台《十八届中央政治局关于改进工作作风、密切联系群众的有关规定》，又称"八项规定"，为全党树立了表率。深圳市委结合实际，出台了《关于改进工作作风、密切联系群众的意见》（深发〔2013〕1 号），从精简会议活动、改进调研和政务活动、精简文件简报、减少评比表彰、改进新闻报道、规范接待工作、严格因公出国管理、规范警卫工作、严格廉洁自律九个方面提出34 条意见，以制度形式将改进作风的要求进一步固化，动员全市上下发扬"想干、敢干、快干、会干"精神，以优良作风谋划推动各项工作，凝聚起全面深化改革的强大正能量。二是以制度建设固化党的群众路线教育实践活动成果。在开展党的群众路线教育实践活动中，特别强调以制度建设固化教育实践活动的成果。市委实践办专门印发了制度建设参考指南，从密切联系群众、规范权力运行、厉行勤俭节约、整治文山会海、干部监督管理、规范选人用人等方面，对加强制度建设提出了相关要求。在整个活动期间，全市各级各单位共修改完善规章制度3667项，新建出台制度1920项，以制度机制固化教育实践活动成果。

二   着力深化干部人事制度改革

一是健全完善与新《条例》对接的干部工作"1＋9"制度体系。以中央颁布实施了新修订的《党政领导干部选拔任用工作条例》（中发〔2014〕3号）为遵循，研究起草了《关于认真贯彻干部任用条例建设高素质干部队伍的若干意见》及9个配套制度，内容涵盖干部推荐考察、试用期管理、交流、竞争性选拔、教育培训、挂职锻炼、治理拉票行为、年轻干部培养选拔、领导班子和干部分析研判等方面。二是健全完善市委工作制度。以健全完善民主集中制为核心，系统梳理并修订完善了市委全委会、常委会议事规则和决策程序相关制度，以及党委重大决策报告、决策责任追究制度，进一步完善党内民主决策机制，发挥全委会对重大问题的决策作用。三是健全完善干部考核评价制度。建立干部作风考核评价制度。以群众路线教育实践活动为契机，研究出台了《深圳市干部作风考核制度（试行）》（深组通〔2013〕117号），首度引入"反向测评"，并将作风考核贯穿于干部的任职考察、换届（任期、届中）考察、试用期考核、年度考核以及各类专项考核中去，融入到民主测评、谈话、征求意见等干部工作的各个环节，全方位体现作风的考核导向。四是完善干部教育培训及挂职锻炼工作制度。为落实中央、省委有关干部培训改革纲要及规划，研究起草了《2014—2018年深圳市干部教育培训规划》《深圳市干部教育培训制度》等制度文件，对涉及干部教育培训的各方面工作给予明确要求，从制度层面保证培训科学规范高效。着眼于丰富干部工作经历，增强干部宗旨意识、群众意识和实干意识，研究起草了《深圳市干部挂职锻炼制度》，进一步拓宽了挂职渠道，加强了对挂职干部的管理和挂职工作的组织领导。五是推进法院、检察院工作人员分类管理和法官、检察官职业化改革。制定出台了《深圳市法院工作人员分类管理和法官职业化改革方案》（深办发〔2014〕2 号），坚持以人员分类为前提，对法官实行单独职务序列管理；坚持以去行政化为突破口，实行法官待遇与法官等级挂钩，建立健全符合司法规律的法官职业保障机制；坚持以加强法官的职业保障为重点，吸引和留住优秀法律人才；坚持以重视关心基层为导向，改革政策适度向基层法院倾斜；坚持以促进司法公正为目的，建立健全符合法官职业特点的管理制度。

三　着力健全基层党建工作制度体系

一是创新建立基层党建专项述职评议制度。制定出台了《深圳市基层党建工作专项述职评议办法（试行）》（深组通〔2012〕120 号），进一步增强了我市各级党委（工委）主要负责同志抓党建"主业"意识。二是构建城市社区基层党建工作区域化制度。制定出台了《关于实施"扎根凝聚"工程全面推进基层党建工作区域化的实施意见》。着眼于以党的建设引领、推动科学发展和社会和谐，把社区党建作为社会建设的重要基础和基层党建的主要内容，以城市社区为基本单位，以共驻共建为基本内容，以引领社会建设为基本目标，充分整合基层资源，构建条块联动、区域统筹的基层党建新格局。三是健全完善"两新"组织党建工作制度。制定出台了我市《关于进一步加强和改进非公有制企业和社会组织党的建设工作的意见（试行）》（深办发〔2013〕6 号），对"两新"组织党组织功能定位、主要职责、领导体制和工作制度、队伍建设和保障机制等予以明确，充分发挥"两新"组织党组织推动发展、服务群众、凝聚人心、促进和谐的作用。四是探索基层党务工作者队伍专业化职业化改革。在开展基层党务工作者专业化职业化试点基础上，指导试点单位龙华新区研究起草建立健全基层党务工作者资格认证、选聘管理、履职培训、激励保障、考核评价等制度体系，在人员、经费、政策保障等方面向基层党务工作者队伍倾斜，通过"两化"工作，着力打造一支高素质的基层党务工作者队伍。五是创新构建党员志愿服务"四化体系"。制定出台了《关于构建"四化"体系深入开展党员志愿服务的意见》（深组通〔2013〕82 号），以"系统化、规范化、常态化、信息化"为目标，明确党员志愿服务人员、队伍、活动、信息等管理、激励、约束制度，把党员志愿服务全链条制度化嵌入党员发展和教育管理流程。推动建立我市党员志愿者服务"1＋15＋N"队伍架构，构建横到边纵到底、全面覆盖的组织网络，全市共成立党员志愿服务队伍3000多支共12万多人。六是深化完善区级党代会常任制制度。按照中央和省委的部署要求，深圳从2003年开始在宝安区开展党代会常任制试点，2011年又扩大盐田区作为党代会常任制试点区。在试点工作基础上，指导宝安区出台了《进一步深化党代会常任制试点工作的意见》，进一步探索完善党代会常任制的制度体系，着力构建一套权责清楚、定位准确、程序科学、运转有序的工作机制；指导盐田区制定出台《中国共产党深圳市盐田区代表大会常任制会议制度（试行）》《中国共产党深圳市盐田区代表大会代表监督评议暂行办法》等七项制度，探索建立"双评议双监督"制度。七是构建市党代表任期制"1＋14"制度体系。先后出台了《中国共产党深圳市代表大会代表任期制实施办法》（深发〔2012〕11号）和14个单项配套制度，包括党代表进社区、提案、提议、询问、质询、社情民意办理、编团分组、视察调研、列席党内有关会议、参加民主评议、党代表工作室管理、提案提议督办、党代表团队工作规程、代表团组活动经费和代表履职补贴管理等，形成了市党代表任期制"1＋14"制度体系，进一步完善了党代表发挥作用的渠道和方式，提高了我市党代表任期制工作的制度化、科学化和规范化水平。

四　着力健全人才工作体制机制

一是健全加强党管人才工作体制机制。为进一步加强对人才工作的宏观指导和统筹协调，出台了我市《关于进一步加强党管人才工作的实施意见》（深办发〔2013〕1号），从健全完善党管人才工作的领导体制、运行机制，创新党管人才工作的方式方法和加大党管人才工作保障力度等方面进行制度安排。

二是制定实施提升"深圳质量"人才工作行动计划。结合落实人才发展规划纲要，制订出台我市《提升"深圳质量"人才工作行动计划》（深人才办通〔2014〕1号），提出实施"八大人才集聚行动计划、三大人才服务体系建设行动计划、三大人才工作体制机制创新行动计划"共52个人才重点项目，进一步加强深圳市重要人才政策和重大项目统筹推进和组织实施。

三是创新"一站式"高层次人才服务办法。为给人才创新创业提供更加高效便捷的公共服务，出台了《深圳市高层次人才"一站式"服务暂行办法》（深组通〔2013〕105 号）及工作规程、业务指南，进一步规范15 个相关职能部门的工作职责，简化业务办理流程，通过设立人才服务专窗、实行专员负责制，打造"专窗受理、专人转送、专人跟踪、专窗反馈"的服务模式，为人才提供资格认定、出入境居留、入户、子女入学、创业扶持等涉及人才工作和生活的 22 项服务申请。

小　结

党的十八大以来，深圳高举中国特色社会主义伟大旗帜，牢牢把握加强党的执政能力建设、先进性和纯洁性建设这条主线，严格贯彻落实中央全面从严治党战略部署，坚持问题导向，补"精神之钙"，落实"两个责任"，强化权力监督，筑牢执政根基，提高政治领导本领，将党的思想、组织、作风、反腐倡廉、制度等各方面建设全方位推进到一个全新的水平。展望未来，深圳将会更加紧密地团结在以习近平同志为核心的党中央周围，牢记使命、接力奋斗，勇当全面从严治党排头兵，营造风清气正的良好发展环境，集聚更大正能量，为深圳率先建成社会主义现代化先行区、实现中华民族伟大复兴梦做出更大贡献。

尾论　新时代深圳党建创新的思考

　　马克思认为，"世界史本身，除了通过提出新问题来解答和处理老问题之外，没有别的办法"。深圳40年党的建设历史也体现了这一点。在改革开放40年的发展历程中，深圳经济特区党的建设事业成效显著。回顾40年的发展，会发现坚持问题导向是深圳党建取得进步的重要秘诀。在改革开放初期，特区党建主要围绕解决冲破"左"倾错误思想的束缚和思想僵化的问题；进入20世纪90年代，随着社会主义市场经济的建立，特区党建主要围绕解决在市场经济条件下如何发展、巩固党组织的问题；进入21世纪，随着市场经济的发展，新的社会组织和人士不断涌现，如何使执政的中国共产党能够代表更广泛的社会阶层和人士的利益的问题又呈现在特区党组织的面前；党的十八大以来，随着经济的高速发展和社会的全面进步，深圳在社会主义现代化的征程中凯歌高奏，如何在中国特色社会主义新时代更好地坚持党对一切工作的领导、如何全面从严治党成为必须回答的新的时代课题。深圳的党建以巨大的勇气、高超的智慧、创新的办法，出色地回答了这些问题，推进党的建设事业不断取得新的伟大的胜利。在新时代，深圳党建也必须坚持问题导向，通过不断回答党建实践中的新问题来实现党建事业的新发展，不断总结党建实践中的新经验来实现党建事业的新提升，为深圳乃至全国提供更多的经验借鉴。

　　中共十九大是在全面建成小康社会决胜阶段、中国特色社会主义进入新时代的关键时期召开的一次具有划时代意义的大会，是在新的历史起点上开启党和国家事业新征程的一次重要大会。深圳经济特区取得的巨大成就，是中共执政的光辉杰作，在新时代，深圳也必将在党的领导下走向更加辉煌的明天。深圳党建将以新时代的新作为，打造向世界彰显中国共产党建设的"精彩样本"。

一　牢固确立政治建设在党建工作中的统领地位

旗帜鲜明讲政治是马克思主义政党的根本要求。党的政治建设是党的根本性建设。保证全党服从中央，坚持党中央权威和集中统一领导，是党的政治建设的首要任务。坚决维护以习近平同志为核心的党中央权威和集中统一领导，强化政治意识、大局意识、核心意识、看齐意识。习近平新时代中国特色社会主义思想回答了新时代坚持和发展什么样的中国特色社会主义、怎样坚持和发展中国特色社会主义，开辟了马克思主义新境界，开辟了中国特色社会主义新境界，开辟了治国理政新境界，开辟了管党治党新境界。要坚决用这一伟大思想武装全党，在学懂弄通做实上下功夫，使之成为各级党组织开展党建工作的最强法宝。

二　以"先行一步"的精神继续创新党建工作

深圳经济特区自诞生之日就肩负着为我国推进改革开放和社会主义现代化建设事业先行先试、大胆探索的崇高使命，坚持敢闯敢试、奋发有为，敢为人先、先行一步，始终是特区的担当和使命自觉。深圳党建创新的40年，是在坚持党的领导下，先行一步勇于创新的40年。特区作为新生事物，不断产生新情况新问题是特区建设的常态，也是特区党建工作的常态。这就意味着只有不断地面对、解决新问题，深圳党建工作才能逐步推进发展。先行一步，就是要弘扬特区的"拓荒牛"精神，勇于解放思想、实事求是、开拓创新，以勇敢的态度正视特区党建中的新问题，以创新的方式解决特区党建中存在的问题，以建立管用有效的科学制度来固化党建创新的成果。通过先行一步的勇敢探索，不断增强党的政治领导力、思想引领力、群众组织力、社会号召力，不断巩固党在经济特区各项事业中的领导核心地位。

三　以人民的满意程度来检验党建工作的成效

人民是历史的创造者，全心全意为人民服务是党的根本宗旨。人民群众对党的拥护始终是党最牢固的根基。经济特区建设取得的巨大成就是有目共睹的，但经济特区建设面临的问题是不断变化的，人民群众的利益诉求也是在不断变化的。人民对美好生活的向往是党的奋斗目标。深圳各级党组织要在经济特区建设 40 年成就的基础上，统筹推进"五位一体"总体布局和协调推进"四个全面"战略布局，践行新发展理念，促进全市域均衡化发展，推动人的全面发展、社会全面进步，不断提升发展含金量，提升法制化水平，提升文化软实力，提升民生幸福感，提升环境美誉度，率先建设富强民主文明和谐美丽的社会主义现代化先行区，努力走出一条体现时代特征、中国特色、深圳特点的社会主义现代化之路。

目前，全国上下正在深入贯彻学习习近平新时代中国特色社会主义思想和中共十九大精神。深圳正按照中央和省委的部署，进一步厘清思路、明确方位，努力在新时代走在前列、新征程勇当尖兵，率先建设社会主义现代化先行区，打造全面彰显习近平新时代中国特色社会主义思想磅礴力量的"深圳标杆"。中国改革开放的历程和深圳的发展奇迹，证明特区无愧于历史的选择。进入新时代，深圳将更加紧密地团结在以习近平同志为核心的党中央周围，不忘初心、牢记使命，挺立潮头、奋勇争先，以永不懈怠的精神状态和一往无前的奋斗姿态，推动深圳经济特区各项事业向更高目标迈进，为实现"两个一百年"奋斗目标和中华民族伟大复兴中国梦贡献书写精彩的深圳画卷。

参考文献

《毛泽东选集》第 2 卷，人民出版社 1991 年版。

《邓小平文选》第 3 卷，人民出版社 1993 年版。

江泽民：《在中国共产党第十五次全国代表大会上的报告》，人民出版社 1997 年版。

陈方：《深圳城市社区建设几个问题的探讨》，《特区经济》2001 年第 6 期。

陈家喜、黄卫平：《深圳经济特区的政治发展（1980—2010）》，商务印书馆 2010 年版。

陈家喜、黄卫平：《深圳经济特区政治发展的回顾与前瞻》，《岭南学刊》2010 年第 5 期。

陈威、郑秀玉：《非公有制经济组织党建工作的实践与思考》，《学术研究》2001 年第 6 期。

春生：《珠江三角洲农村村治变迁》，广东人民出版社 2004 年版。

《二十五年话深圳：中国社区民主直选 深圳开先河》，2005 年 8 月 19 日，中国新闻网（http：//news. QQ. com）。

方真、胡德、高同星：《中国经济特区大辞典》，人民出版社 1996 年版。

黄卫平等：《中国大陆乡镇选举方式改革研究》，《当代中国研究》2001 年第 4 期。

黄卫平、邹树彬主编：《乡镇长选举方式改革：案例研究》，社会科学文献出版社 2001 年版。

金维新：《反腐败论析》，上海人民出版社 1996 年版。

景跃进：《"两票制"：发源与嬗变》，载《当代中国农村"两委关系"的微观解析与宏观透视》，中央文献出版社 2004 年版。

李海东：《中共深圳市纪律检查委员会向中共深圳市第一次代表大会的工作报告》，1990 年 12 月 15 日。

李灏：《在市委一届二次全体（扩大）会议上的讲话》，1991 年 9 月 21 日。

李灏：《在中国共产党深圳市第一次代表大会上的报告》，1990 年 12 月 15 日。

李南玲、米鹏民：《深圳：书写"两新"组织党建"大文章"》，《深圳商报》2006 年 11 月 27 日第 A01 版。

李榕根主编：《八大体系：深圳行政管理体制改革探索》，海天出版社 1998 年版。

廖军文主编：《走有中国特色的社会主义民营经济发展道路：深圳 1979—1999》，海天出版社 2000 年版。

刘润华主编：《民政 30 年·深圳卷（1978 年—2008 年）》，中国社会出版社 2008 年版。

吕锐锋等：《深圳市私营企业党的建设问题与对策》，《特区理论与实践》1995 年第 12 期。

深圳党建研究会编：《深圳加强党风廉政建设新探》，海天出版社 1997 年版。

《深圳经济特区改革开放专题史》，海天出版社 2010 年版。

深圳经济特区研究会、深圳市史志办公室编著：《深圳经济特区三十年：1980—2010》，海天出版社 2011 年版。

深圳市史志办公室编：《深圳市大事记》，海天出版社 2001 年版。

深圳市史志办公室编：《中国共产党深圳历史大事记》，深圳报业集团出版社 2012 年版。

深圳市史志办公室编：《李灏深圳特区访谈录》，海天出版社 2010 年版。

深圳市史志办公室编：《中国共产党深圳历史大事记（1924—1978）》，中共党史出版社 2003 年版。

深圳市史志办公室编：《中国经济特区的建立与发展（深圳卷）》，中共党史出版社 1997 年版。

深圳市委党校课题组：《改革开放 30 年深圳经济特区党的建设回顾与思考》，《特区实践与理论》2008 年第 11 期。

深圳市委组织部课题组编：《流动党员社区管理问题探索》，《特区理论与实践》1999 年第 7 期。

《深圳市志》第 6 卷，方志出版社 2009 年版。

谭国箱：《构建反腐保廉预防体系的积极探索》，《人民日报》2003 年 10 月 9 日第 12 版。

汤庭芬主编：《基层民主与基层组织建设研究》，人民出版社 2001 年版。

王全国、杨应彬、张汉青：《深切怀念习仲勋同志》，《广东党史》2002 年第 4 期。

王荣山、吴伟：《中共中央总书记江泽民考察深圳经济特区》，《深圳特区报》1990 年 6 月 30 日。

王树成、冯瑛冰、翟伟：《纠偏补弊、激浊扬清——党的十五大以来反腐败斗争回顾》，《党的建设》2001 年第 1 期。

王鑫：《深圳党的建设大事》，海天出版社 2008 年版。

《习仲勋同志在地委书记会议上的总结发言》，1979 年 9 月 21 日。

《习仲勋文选》，中央文献出版社 1995 年版。

习仲勋：《在省委四届三次常委扩大会议上的讲话》，1979 年 5 月 26 日。

习仲勋：《在省委四届一次常委扩大会议上的总结讲话》，1978 年 6 月 30 日。

《习仲勋主政广东》，中共党史出版社 2007 年版。

张苹：《拓宽视野　广揽人才　坚持标准　严格把关——市委组织部负责人就我市公开选拔部分副局级干部答记者问》，《深圳特区报》2002 年 9 月 28 日。

张树军：《大转折——中共十一届三中全会实录》，浙江人民出版社 1998 年版。

张严：《"重建厂，轻建党"问题不容忽视——关于加强个体、私营等非公有制经济组织党建工作的调查》，《人民日报》2000 年 9 月 12 日。

《中共深圳市委关于加强党的建设的意见》（1991 年 9 月 21 日中共深圳市
　　委一届二次全体（扩大）会议审议通过），《特区党的生活》1991 年第
　　11 期。

中共深圳市委组织部编：《充分发挥外商投资企业党组织的作用》，《党建
　　研究》1993 年第 2 期。

中共深圳市委组织部编：《深圳外商投资企业党建工作的新探索》，
　　1993 年。

中共深圳市委组织部课题组：《非公有制经济组织党建工作要有新思路》，
　　《特区理论与实践》2001 年第 7 期。

中共深圳市委组织部、中共深圳市委党校：《非公有制经济组织党建工作
　　的创新实践》，《求是》2001 年第 4 期。

《中共中央关于加强党的建设的通知》，1989 年 8 月 28 日。

《中共中央关于实现党校教育正规化的决定》（中发〔1983〕14 号）。

《中共中央批转〈广东、福建两省座谈会纪要〉的通知》，1982 年 3 月
　　1 日。

《中共中央批转〈中央组织部关于建立民主评议党员制度的意见〉的通
　　知》，1988 年 12 月 15 日。

中共中央组织部、中共中央政策研究室、中共中央宣传部编：《全国党建
　　理论讨论会论文选》下册，改革出版社 1991 年版。

《中国共产党第十一届中央委员会第三次全体会议公报》，1978 年 12 月
　　22 日。

《中央对广东工作的指示汇编（1979—1982 年）》。

中央文献研究室：《邓小平年谱 1975—1997》下，中央文献出版社 2004
　　年版。

后 记

在中共深圳市委宣传部和深圳市社科联的精心组织,以及深圳市委党校的大力支持下,《深圳党建创新之路》一书在深圳市委党校党史党建党性教研部、科学社会主义教研部、习近平新时代中国特色社会主义思想研究中心相关专家学者的通力合作下,编著而成并付梓出版了。本书是集体智慧的结晶,具体分工如下:

王定毅博士负责绪论、尾论部分;宫正副教授负责第一章;韩颖副教授负责第二章;张磊副教授负责第三章;陈少雷副教授负责第四章的第一、二、三节;王冲副教授负责第四章的第四、五节。本书的提纲和统稿,由路云辉教授完成。

本书编著组
2018 年 5 月